思想的・睿智的・獨見的

經典名著文庫

學術評議

丘為君	吳惠林	宋鎮照	林玉体	邱燮友
洪漢鼎	孫效智	秦夢群	高明士	高宣揚
張光宇	張炳陽	陳秀蓉	陳思賢	陳清秀
陳鼓應	曾永義	黃光國	黃光雄	黃昆輝
黃政傑	楊維哲	葉海煙	葉國良	廖達琪
劉滄龍	黎建球	盧美貴	薛化元	謝宗林
簡成熙	顏厥安	(以姓氏筆畫排序)		

策劃 楊榮川

五南圖書出版公司 印行

經典名著文庫

學術評議者簡介（依姓氏筆畫排序）

- 丘為君　美國俄亥俄州立大學歷史研究所博士
- 吳惠林　美國芝加哥大學經濟系訪問研究、臺灣大學經濟系博士
- 宋鎮照　美國佛羅里達大學社會學博士
- 林玉体　美國愛荷華大學哲學博士
- 邱燮友　國立臺灣師範大學國文研究所文學碩士
- 洪漢鼎　德國杜塞爾多夫大學榮譽博士
- 孫效智　德國慕尼黑哲學院哲學博士
- 秦夢群　美國麥迪遜威斯康辛大學博士
- 高明士　日本東京大學歷史學博士
- 高宣揚　巴黎第一大學哲學系博士
- 張光宇　美國加州大學柏克萊校區語言學博士
- 張炳陽　國立臺灣大學哲學研究所博士
- 陳秀蓉　國立臺灣大學理學院心理學研究所臨床心理學組博士
- 陳思賢　美國約翰霍普金斯大學政治學博士
- 陳清秀　美國喬治城大學訪問研究、臺灣大學法學博士
- 陳鼓應　國立臺灣大學哲學研究所
- 曾永義　國家文學博士、中央研究院院士
- 黃光國　美國夏威夷大學社會心理學博士
- 黃光雄　國家教育學博士
- 黃昆輝　美國北科羅拉多州立大學博士
- 黃政傑　美國麥迪遜威斯康辛大學博士
- 楊維哲　美國普林斯頓大學數學博士
- 葉海煙　私立輔仁大學哲學研究所博士
- 葉國良　國立臺灣大學中文所博士
- 廖達琪　美國密西根大學政治學博士
- 劉滄龍　德國柏林洪堡大學哲學博士
- 黎建球　私立輔仁大學哲學研究所博士
- 盧美貴　國立臺灣師範大學教育學博士
- 薛化元　國立臺灣大學歷史學系博士
- 謝宗林　美國聖路易華盛頓大學經濟研究所博士候選人
- 簡成熙　國立高雄師範大學教育研究所博士
- 顏厥安　德國慕尼黑大學法學博士

經典名著文庫140

邏輯哲學論叢
Logisch-Philosophische Abhandlung

維根斯坦 著
（Wittgenstein, Ludwig Josef Johann）

韓林合 譯　米建國 導讀

經典永恆・名著常在

五十週年的獻禮・「經典名著文庫」出版緣起

　　五南，五十年了。半個世紀，人生旅程的一大半，我們走過來了。不敢說有多大成就，至少沒有凋零。

　　五南忝為學術出版的一員，在大專教材、學術專著、知識讀本已出版逾七千種之後，面對著當今圖書界媚俗的追逐、淺碟化的內容以及碎片化的資訊圖景當中，我們思索著：邁向百年的未來歷程裡，我們能為知識界、文化學術界作些什麼？在速食文化的生態下，有什麼值得讓人雋永品味的？

　　歷代經典・當今名著，經過時間的洗禮，千錘百鍊，流傳至今，光芒耀人；不僅使我們能領悟前人的智慧，同時也增深加廣我們思考的深度與視野。十九世紀唯意志論開創者叔本華，在其〈論閱讀和書籍〉文中指出：「對任何時代所謂的暢銷書要持謹慎的態度。」他覺得讀書應該精挑細選，把時間用來閱讀那些「古今中外的偉大人物的著作」，閱讀那些「站在人類之巔的著作及享受不朽聲譽的人們的作品」。閱讀就要「讀原著」，是他的體悟。他甚至認為，閱讀經典原著，勝過於親炙教誨。他說：

　　　「一個人的著作是這個人的思想菁華。所以，儘管
　　一個人具有偉大的思想能力，但閱讀這個人的著作
　　總會比與這個人的交往獲得更多的內容。就最重要

的方面而言，閱讀這些著作的確可以取代，甚至遠
遠超過與這個人的近身交往。」

為什麼？原因正在於這些著作正是他思想的完整呈現，是他所
有的思考、研究和學習的結果；而與這個人的交往卻是片斷
的、支離的、隨機的。何況，想與之交談，如今時空，只能徒
呼負負，空留神往而已。

三十歲就當芝加哥大學校長、四十六歲榮任名譽校長的赫
欽斯（Robert M. Hutchins, 1899-1977），是力倡人文教育的
大師。「教育要教真理」，是其名言，強調「經典就是人文教
育最佳的方式」。他認為：

「西方學術思想傳遞下來的永恆學識，即那些不因
時代變遷而有所減損其價值的古代經典及現代名
著，乃是真正的文化菁華所在。」

這些經典在一定程度上代表西方文明發展的軌跡，故而他為
大學擬訂了從柏拉圖的《理想國》，以至愛因斯坦的《相對
論》，構成著名的「大學百本經典名著課程」。成為大學通識
教育課程的典範。

歷代經典‧當今名著，超越了時空，價值永恆。五南跟業
界一樣，過去已偶有引進，但都未系統化的完整鋪陳。我們決
心投入巨資，有計畫的系統梳選，成立「經典名著文庫」，希
望收入古今中外思想性的、充滿睿智與獨見的經典、名著，包
括：

- 歷經千百年的時間洗禮，依然耀明的著作。遠溯二千三百年前，亞里斯多德的《尼克瑪克倫理學》、柏拉圖的《理想國》，還有奧古斯丁的《懺悔錄》。
- 聲震寰宇、澤流遐裔的著作。西方哲學不用說，東方哲學中，我國的孔孟、老莊哲學，古印度毗耶娑（Vyāsa）的《薄伽梵歌》、日本鈴木大拙的《禪與心理分析》，都不缺漏。
- 成就一家之言，獨領風騷之名著。諸如伽森狄（Pierre Gassendi）與笛卡兒論戰的《對笛卡兒『沉思』的詰難》、達爾文（Darwin）的《物種起源》、米塞斯（Mises）的《人的行為》，以至當今印度獲得諾貝爾經濟學獎阿馬蒂亞・森（Amartya Sen）的《貧困與饑荒》，及法國當代的哲學家及漢學家余蓮（François Jullien）的《功效論》。

梳選的書目已超過七百種，初期計畫首為三百種。先從思想性的經典開始，漸次及於專業性的論著。「江山代有才人出，各領風騷數百年」，這是一項理想性的、永續性的巨大出版工程。不在意讀者的眾寡，只考慮它的學術價值，力求完整展現先哲思想的軌跡。雖然不符合商業經營模式的考量，但只要能為知識界開啟一片智慧之窗，營造一座百花綻放的世界文明公園，任君遨遊、取菁吸蜜、嘉惠學子，於願足矣！

最後，要感謝學界的支持與熱心參與。擔任「學術評議」的專家，義務的提供建言；各書「導讀」的撰寫者，不計代價地導引讀者進入堂奧；而著譯者日以繼夜，伏案疾書，更

是辛苦，感謝你們。也期待熱心文化傳承的智者參與耕耘，共同經營這座「世界文明公園」。如能得到廣大讀者的共鳴與滋潤，那麼經典永恆，名著常在。就不是夢想了！

總策劃　楊榮川

二〇一七年八月一日

目　錄

維根斯坦《邏輯哲學論叢》導讀

1. 生平

維根斯坦是20世紀最偉大的哲學家之一。大多數人也都相信，他是繼德國哲學家康德之後，最有可能名垂後世，並將持續地爲後人所傳頌，影響著未來哲學史發展的重要哲學思想繼承者與開創者。

1889年，維根斯坦出生於奧地利維也納。他的家族因爲成功地從事鋼鐵工業的生產與營運，在當時的奧匈帝國具有雄厚的聲望與財力。在這種家庭背景的影響下，維根斯坦一開始在柏林研讀電機工程的專業，隨後轉到英國曼徹斯特攻讀飛機工程。然而，在這些工程學的學習之中，維根斯坦反而更注意純數學的研究，進而對數學的哲學問題產生濃厚的興趣。這個興趣直接影響了他的未來生涯，也使他得以接觸到當代哲學一開始最重要的最新發展趨勢，與促成這個最新發展中兩位最重要的哲學家（同時也是數學家與數理邏輯學家）——弗雷格與羅素。

2. 時代背景與社會環境

弗雷格雖然是德國著名的數學家與邏輯學家，但也被大多數人尊稱爲當代英美分析哲學之父。他的邏輯主義的理想，致力於爲數學尋求邏輯的基礎，一方面企圖將數學的主要概念，建立在邏輯的概念之上，另一方面也企圖證明所有

的數學眞理，都可以被還原成邏輯的眞理。雖然這個理想與企圖最終無法實現，但在這個過程中，弗雷格爲邏輯主義所鋪陳出來的邏輯語言，反而取代了傳統以來亞里斯多德式的邏輯語言，開創了當代的數理邏輯。而利用這套邏輯語言概念，爲日常語言所進行的邏輯概念分析，也進一步影響並促成了當代的「語言學轉向」，使語言哲學成爲 20 世紀英美分析哲學的主要顯學。

　　羅素是當代英美哲學家中最具代表性，也最有影響力的哲學家之一。他早年的學術專業也是以數學與邏輯學爲主，也曾經是邏輯主義的追隨者之一。當弗雷格在德國發展他最新的邏輯語言系統，並準備出版他的主要代表著作時，這位來自英國劍橋的數理邏輯學家與哲學家正好發現了甚具摧毀力「羅素悖論」，並透過書信往來，指出弗雷格邏輯系統中的主要缺陷。雖然羅素自己也嘗試解決這個他自己提出來的悖論，並和懷德海德共同出版3冊數學原理的鉅著，最終還是不得不承認邏輯主義的失敗。無論如何，羅素在接下來的學術發展中，反而更顯得多采多姿，並且也在眾多不同的學術領域，產生了相當巨大的影響力。羅素在語言哲學的理論發展，立下了當代哲學的標竿。而他的哲學寫作與哲學分析方法，更是當代哲學研究寫作的最佳典範。

3. 思想傳承與改造

　　當維根斯坦對數學哲學的問題產生好奇與興趣之際，他最先以書信方式連繫到弗雷格，並向他探詢與討論一些相關的問題。但弗雷格最後把他轉介給羅素，這使得維根斯坦轉

而邁向劍橋，開始與羅素建立起一段亦師亦友的緊密關係，也真正開啓維根斯坦進入哲學大門的關鍵。雖然維根斯坦並不特別追隨弗雷格與羅素的邏輯主義想法，但是這兩人對於邏輯所抱持的相關概念與想法，卻對維根斯坦的早期哲學思想萌芽，有著深刻的影響與衝擊。這個影響直接表現在他最早的哲學著作之中，也是他在世期間，唯一出版的著作：《邏輯哲學論叢》（以下簡稱《論叢》）。但是有趣的是，當羅素爲了這本著作的出版奔波努力，並在出書時親自爲他寫序的同時，維根斯坦卻直言羅素根本誤解了他這本著作的意圖與想法。他對羅素的直接回應如下：「我想你並未眞正掌握到我在《論叢》中的主要論點所在。我在其中所提到所有有關邏輯的命題，都僅是附帶的一些推論罷了。我主要的重點在於指出，什麼是可以透過命題（亦即，語言）而被加以表達出來的，而又有哪些是無法被表達，卻只能被顯示出來而已。我相信，這才是哲學的主要問題所在。」

　　透過邏輯的最新發展結構與形式，維根斯坦並不只停留在對邏輯的研究與關懷，反而利用邏輯語言之階梯，治療我們日常語言的諸多毛病，澄清我們一般思想的模糊混淆，進一步彰顯我們世界的可能圖像，並幫助我們看清終極實在的眞實樣貌。這是維根斯坦在早期《論叢》中所表現出來的企圖與野心，他甚至認爲在這本書中已經解決了所有的哲學問題。

4. 思想特徵及歷史地位

　　然而，就像維根斯坦本人是個謎一般的人物，他的作

品也一樣令人難以捉摸。在他完成《論叢》之後，經歷了一段與哲學學術工作分居的生活。他遠離劍橋，回到自己的家鄉，但他並沒有回到家族，享受既有的富裕環境與安定生活，反而放棄了家族的遺產，在外嘗試了幾種不同的工作（包括小學老師與其他園藝與建築的工作）。大約在10年之後，他才又回到了劍橋，並重新拾起哲學的研究與寫作工作，繼續創作出令後世既驚豔，又難解的文字與章句。這些大量的文字，大都在他過世之後，才一一爲後來的學者重新整理與編輯，並以專書著作的名義型態加以出版。其中最有名的一本後期代表著作，書名叫做《哲學研究》。不同於《論叢》以邏輯語言爲主軸，《哲學研究》反而聚焦於日常語言，探究日常生活語言的使用與進展，進一步凸顯存在於語言、思想與世界之間的複雜關係與糾結問題。

　　《論叢》與《哲學研究》代表著維根斯坦在早期與後期兩本重要著作與哲學思想，也因此才有所謂「早期維根斯坦」與「後期維根斯坦」這個對維根斯坦哲學思想不同時期的分別與稱呼。近幾十年來，有一批新維根斯坦學者的最新研究與論辯，試圖提出不同於這個傳統區別的想法。有些人認爲不應該把維根斯坦的哲學思想加以分期，而應該視其爲一個一致與一貫的整體，只有一個維根斯坦，而沒有前、後期之分。另外一群人則認爲，把維根斯坦的著作與哲學思想區分爲兩期，其實是個過於粗糙的作法，反而主張應該多加一個「中期維根斯坦」，才能正確清楚標示出維根斯坦不同時期所發展出來不同的哲學思路與想法。無論我們如何對維

根斯坦的著作與思想進行分類與分期，大家似乎都會同意，他的著作有著一股迷人的魅力，他的思想散發出啓迪人心的智慧，而他的哲學不僅吸引與影響同時代的學者與學生，也將繼續深植於後來研究者的心中，爲後世哲學研究留下一個永久的典範。

5. 本書的精髓

　　依據維根斯坦自己的表述，《論叢》主要的論點與哲學主要的問題在於「什麼是可以透過命題而被加以表達出來的，而又有哪些是無法被表達，卻只能被顯示出來」。這段表述標示出《論叢》的兩個主要標的：第一個標的強調「語言的界限」，也就是提出「可說與不可說」（what can be said and what cannot be said）之間的區別。第二個標的在於提出「顯示的理論」（the theory of showing），特別指向那些「不可說卻只能被顯示者」。

　　但是，爲什麼要提出語言的界限與顯示的理論這兩個論題呢？首先，維根斯坦透過「世界、思想和語言的三重結構」（《論叢》1至4.0641），解釋世界、思想和語言三者之間的共同邏輯結構，進而導出世界的界限就是思想的界限，而思想的界限也就是語言的界限。哲學的工作在於對語言的治療，進而釐清語言中可說與不可說的界限，同時也爲思想中的可思與不可思加以限制，最後則能對自然科學中的可爭辯領域加以限制。其次，維根斯坦也利用他的「《論叢》之梯」（《論叢》4.1至6.54），顯示「世界的眞實本質」與「終極實在」之間的邏輯關聯。他在《論叢》的最

後，清楚表明：「對於了解我的人而言，當他順著《論叢》之梯往上攀爬，一直到爬過這個梯子，並超越這個梯子，他最後應該也能辨識出，我所說的一切都是無意義的（也就是說，在他爬上這個梯子，並在攀爬過後，他必須拋棄這個梯子）。他必須超越我所說的一切，才能夠正確的看清這個世界。」（《論叢》，6.54）

　　為了要掌握維根斯坦對於可說與不可說的區別，和了解那些所謂不可說但卻可被顯示的部分，我們必須先解釋維根斯坦如何連結「我們對於語言的使用」與「我們用語言所表達的世界」之間的關係。對於熟悉維根斯坦哲學的人，大都清楚他的語言哲學中主張一種「意義的圖像理論」（a picture theory of meaning），此理論宣稱：「一個命題或語句的意義即是一個事實的圖像」。但是，如果我們只有一種存在於語言與世界之間的二元關係，那麼「命題即是一個圖像」這個口號，表面上看起來卻會顯得有些奇怪，因為我們很難解釋一個語句或命題如何能夠再現一個事實，並成為它的「圖像形式」。一個語句在表面上並看不出和事實之間有何共同或相似的圖像形式，命題或語句本身根本不能直接作為事實的圖像。如果我們要使圖像理論更加合理，在語言和世界之間加入一個中介的介面，以此介面來連接我們的語言和自然的世界，似乎是個比較合理的做法。而此介面正好是我們的思想，以思想連結我們的語言與世界之間，便是「世界、思想和語言的三重結構」的背景來源所在。對此三重結構，維根斯坦有仔細的說明與刻畫。

　　對於「世界」是什麼，《論叢》（1至2.063）有兩個基本的主張：

(1)「世界是由事實的整體所構成」，而其最基本的單位是「原子事實」。

(2)「原子事實則是由對象的組合而成」，對象是不能再被加以區分的事實構成單位。

　　對於「思想」是什麼，《論叢》（2.1至3.05）也有兩個基本的主張：

(1)「事實的邏輯圖像就是我們的思想」，而思想最基本的單位是「基本圖像」。

(2)「圖像的成分代表著其所重現事實中的對象」，圖像最基本成分，由其所代表的對象所決定。

　　最後，對於「語言」是什麼，《論叢》（3.1至4.0641）的兩個基本主張是：

(1)「語句或命題的總和就是語言」，而語言的最基本的單位是「單純語句」。

(2)「在語句中名稱代表事實的對象」，名稱是語言最基本不可再分的語素。

　　有了這些對於世界、思想和語言的一些基本想法之後，我們可以繼續探究這個三重結構之間彼此的進一步關係。

　　首先，世界和思想之間的關係：思想重現了我們所觀察到的世界，而在思想中的基本圖像，是在世界之中之原子事實的表象。此外，基本圖像是由其所包含的成分，以某種確定的方式組合而成；這種組合方式，正好重現了原子事實中對象之間的彼此關係或性質。由一切眞實的思想所構成的整體，就是一個世界的圖像；而圖像本身，就是實在或事實的一個模型。

　　其次，思想和語言之間的關係：語言投射或表達了我們內在的思想內容，而在語言中的單純命題或語句，是對於我們思想之中之基本圖像的一種投射結果。我們可以進一步說，語言命題中所出現的名稱，代表著這個命題所要表達之思想圖像中的基本成分，名稱與圖像成分之間具有一種互相對應的關係。透過各種不同的命題和語句，我們才得以表達我們自己的思想，思想得以被命題所表達，就在於思想（圖像）的成分和命題名稱之間具有互相對應的關係。

　　最後，我們可以結合「世界與思想」和「思想與語言」的相互關聯，在「世界、思想和語言的三重結構」間，尋求三者之間共同之邏輯結構。基於「在邏輯空間中的事實就是世界」、「在邏輯空間中的圖像就是思想」與「在邏輯空間中的命題就是語言」這三者之間的同質結構，「世界、思想和語言」三者之間的共同邏輯結構是：世界中的事實、思想中的圖像與語言中命題，都代表著邏輯空間中的一種可能性，而邏輯空間的限制，正好構成世界、思想和語言的限制。

除此之外，我們還可以進一步分析並推論出「世界中的事實、思想中的圖像與語言中的命題」這三者之間所具有的共同邏輯形式：在「事實中的構成對象、圖像中的構成要素與命題中的構成名稱」這三者之中，「（命題中的）名稱」、「（名稱所代表之圖像中的）成素」和「（成素所對應之事實中的）對象」，都以一種共同確定的方式加以組合而成。

當維根斯坦在《論叢》建立起這個「世界、思想和語言的三重結構」之後，他似乎希望我們能一起攀爬由這個三重結構所顯示出來的《論叢》之梯。這是一個《論叢》的邏輯之梯——這個梯子從語言開始，逐步把我們引向思想的境域，再把我們帶往眞實的世界；最終，在我們攀爬了這個梯子，並爬過了這個梯子、超越這個梯子之後，我們將可看清在邏輯空間中的所有可能性，而終極實在就會如實顯示在我們的思想面前。

以下，我將一步一步設立起這個所謂的《論叢》之梯：

(1) 凡是語言中可說的，都可以被一個命題或語句所表達。

(2) 凡是可以被一個命題或語句所表達的，都是一個可以爲眞或爲假的語句。

(3) 凡是一個可以爲眞或爲假的語句，都是一個具有意義的語句。

(4)凡是一個具有意義的語句，都是一個深具意涵的
　　命題。

(5)凡是一個深具意涵的命題，都代表著（或投射出）
　　一切在思想中可被想的。

(6)凡是一切可被想的，都可以被一個思想的圖像所
　　重現。

(7)凡是可以被一個思想圖像所重現的，都是一個可以
　　成為正確或錯誤的表象。

(8)凡是一個可以成為正確或錯誤的表象，都是一個具
　　有某種特定邏輯形式的圖像。

(9)凡是一個具有某種特定邏輯形式的圖像，都代表著
　　（或符應於）一個真實世界中的事實。

(10)凡是一個真實世界中的事實，都是一個可以被實現
　　為原子事實的存在或不存在。

(11)凡是一個可以被實現為原子事實的存在或不存在，
　　都是在邏輯空間中所出現的一個可能性。

　　「世界就是一切所出現的事」。維根斯坦在《論叢》
的一開始就做了這樣的宣稱，他並繼續為這個宣稱給予接下
來的說明：在這個世界所出現的事，就是一切所發生的事，
而在這個世界所發生的事，就是所謂的「事實」。所以，維
根斯坦很自然地認為，「世界就是所有事實所構成的整體，
而非事物」。雖然一切所發生的事都是事實，但一個所謂的
事實卻有可能出現或不出現，它有可能發生或不發生。一個

出現或發生的事實，就是積極的或既存的事實，而一個未出現或未發生的事實，就是消極的或非既存的事實。「事實」是偶然的，正因爲它有可能是既存的（積極的），也有可能是非既存的（消極的）。在我們所居住或面對的這個現實世界，我們通常將之視爲眞實的世界，而在這個世界之中，是由一切既存的（或積極的）事實所構成。我們在這個世界中所面臨的一切，就是一切出現與發生的事，這一切包括過去、現在和未來已出現、正在出現，與將要出現的積極的事實。

然而，我們不得不承認的是，我們不僅能掌握與理解既存的事實，我們同樣也能理解或推論出非既存的事實。我們也不得不承認的是，不僅發生或出現的積極事實足以對我們產生影響，並對我們有意義；對於那些未發生或未出現的消極事實也會對我們產生影響，甚至對我們更有意義。很多人會抱怨過去一些出現的既存事實，而惋惜過去一些未出現的非既存事實；有些人會不滿目前所經歷的一切事實，而憧憬某些未發生的事實；我們也常常會預測未來會發生的一些事情，但有些會眞如我們的預測出現，另外有些卻不見得會發生。這一切都告訴我們，在我們的認知、期望、夢想與經歷之中，未出現或未發生的事，未必比起那些已出現或發生的事更不值得我們的注意。也就是說，不論既存的積極事實或非既存的消極事實，都值得我們加以重視。但是，如果現實的世界只包括一切既存的事實，那麼，我們應該如何安置那些非既存的事實呢？

　　在一般的語意學中，一個語句為真或為假的條件，是了解此語句意義的必要條件之一。一個語句為真的條件，也就是這個語句所描述的事實確實出現了。但是一個語句所描述的事實若沒發生，那麼這個語句將被視為假的語句。然而假的語句並不會因此就是沒有意義的，因為我們還是可以了解這個語句的意義，只是這個語句的意義在於，其所描述的事實本身是個消極的事實。

　　對於一個信念的內容是否正確，也取決於有無事實的依據。當我們所相信的某些客觀世界的狀況（例如：「地球圍繞著太陽轉」，「燃燒是一種氧化作用」）確實發生，並成為既存的事實，這些現實世界中的積極事實可以確證我們的思想信念內容。但如果我們的信念內容無法獲得既存的事實的支持（例如：「地球是平坦的」、「地球是宇宙的中心」），這些消極的事實也是我們信念的思考內容，並提供我們思想內容的具體對象。在人類知識形成並累積的過程之中，有些可以被確證為真的知識，有些卻是無法被證明的假信念或錯誤的假設。一般人積極追求所謂的「科學知識」，對於錯誤的信念常常嗤之以鼻，不屑一顧，只有真的信念才足以被科學家所讚揚與歌頌。但值得一提的是，過去經常在科學史或人類的一般歷史中會出現的難題與疑惑在於：曾經被視為真實無誤的信念，後來卻被發現是錯誤的。所以，我們現在所確信不疑的信念（或所謂的知識），難道沒有出錯的可能嗎？如果這個可能真的存在，我們現在所謂的知識到底有什麼價值呢？而我們的思想信念之真正基礎又是什麼呢？

6. 對後世的影響

我們從維根斯坦對於「世界、思想和語言」之間的三重結構所提出來的說明，並隨著他的引導而攀上《論叢》之梯，一直向上升到最終的邏輯空間，這個過程中我們了解到世界的界限、思想的界限和語言的界限。攀爬《論叢》之梯的目的，就是要我們順梯而上，超越「可說與不可說」（和「可思與不可思」）的差別，正確思考這個現實的世界，反省這個世界所顯示出來的真實邏輯結構，進一步掌握我們所面對的這個世界只是眾多可能世界中的一個組合，而在邏輯空間中所出現所有可能世界的整體，才是哲學家心中所謂的終極實在。

如果維根斯坦在《論叢》中所顯示出來的邏輯空間確實能夠導引出所謂的終極實在，那麼所有的哲學問題都可以獲得解決，或者最少可以獲得安置。最後，我們至少可以從維根斯坦的《論叢》學到的一個非常基本與重要的態度是：「對於可說的，我們就要清清楚楚地說；而對於不可說的，我們應該要保持沉默。」

據說，維根斯坦在1951年過世之前所說的最後一句話是：「告訴他們，我過了一個很棒的人生。」維根斯坦確實有著一個傳奇的人生，但更重要的是，這個傳奇的一生遺留給後世無限深遠的哲學影響。

東吳大學哲學系特聘教授兼系主任
米建國
2021年3月8日於臺北市外雙溪

譯者序

　　維根斯坦是20世紀最重要的哲學家之一，其思想對20世紀的世界哲學面貌產生了巨大的影響。不過，在其在世時，他只正式出版過一本哲學著作，即《邏輯哲學論叢》。在他逝世以後，他的學生和朋友遵照其遺囑從他所遺留下來的約2萬頁手稿和打字稿中陸續整理出版了大量著作，其中最重要者當屬《哲學研究》。2000年，牛津大學出版社與挪威卑爾根（Bergen）大學維根斯坦檔案館合作，編輯出版了電子版《維根斯坦遺著集》（*Wittgenstein's Nachlass: The Bergen Electronic Edition*）。其中包括了維根斯坦的所有遺留下來的手稿和打字稿。這本中文版主要就是以這個遺著集爲基礎編譯而成的，同時也參考了國外已經出版的相關的紙本著作，特別是德國祖爾卡姆普（Suhrkamp）出版社出版的8卷本維根斯坦《著作集》（*Werkausgabe*）（1984年版）。

　　在翻譯過程中，許多重要詞彙的中譯讓我們頗費心思。在此，有必要對幾個一再出現的詞彙的翻譯做些解釋。我們知道，在德語中，「Satz」既具有「句子（語句）」的意思，也具有「命題」的意思。亦即，既指單純的合乎句法規則的書寫符號串或聲音符號串，也指這樣的符號串所表達的意義，進而還指負載著這樣的意義的如是符號串（在《邏

輯哲學論叢》中，維根斯坦用「Satzzeichen」來表示第一層意思）。大多數情況下，區分這些不同的用法是容易的。但是，在少數段落中，區分它們並不容易。出於統一性和簡單性的考慮，我們在譯文中大多數場合下用「命題」來翻譯「Satz」。讀者在閱讀時可以自己根據上下文來確定維根斯坦到底是在哪一種意義上使用這個詞的。

如何翻譯「Bedeutung」這個詞也是一個非常困難的問題。我們知道，在其前期著作中，維根斯坦主要是在弗雷格所賦予其的那種專門意義上使用「Bedeutung」一詞的：一個名稱的 Bedeutung 即其所表示（所代表、指稱）的那個對象——其承受者（不過，與弗雷格不同，維根斯坦不認為他所謂的名稱還具有弗雷格所謂的「Sinn」）。因此，我將這種意義上的「Bedeutung」翻譯為「所指」，將其動詞形式「bedeuten」譯為「指稱」；進而，將包含著其的複合詞「bedeutungslos」譯為「沒有所指」（另外，在《邏輯哲學論叢》中，維根斯坦有時又在其通常的意義上使用「Bedeutung」及其複合詞。這種用法出現在評論4.442、5.233、5.451、5.461等之中。類似的做法也出現在弗雷格那裡）。在30年代初以後，特別是在《哲學研究》中，維根斯坦認為弗雷格和他自己以前對這個詞所作的那種技術性使用完全不合乎語言慣用法，嚴重混淆了一個名稱的 Bedeutung 與其 Träger（承受者）。他進而認為，一個語詞的 Bedeutung 就是其在語言中的用法或使用。顯然，這裡維根斯坦是在其通常的意義上使用「Bedeutung」一詞的，即用其指通常所謂

意義。因此，後期維根斯坦所使用的「Bedeutung」一詞應當譯作「意義」。相應地，其動詞形式「bedeuten」——在必要時——不妨改譯爲「意謂（或意味）」。

　　與「Bedeutung」和「bedeuten」密切相關的還有一個重要的德語詞「Meinung」及其動詞原形「meinen」。「bedeuten」和「meinen」之間的關係是這樣的：如果我們meinen 了一個運算式，那麼對於我們來說它便 bedeutet（意謂）某種東西。在絕大多數場合下我們都將「Meinung」和「meinen」譯爲「意指」。按照前期維根斯坦的理解，所謂意指是指賦予一個語言運算式以意義的心靈過程；而按照後期維根斯坦的理解，所謂意指就其主要用法來說是指一個運算式的使用者知道自己能夠正確地使用這個運算式（即知道自己能夠按照人們慣常使用它的那種方式或者說人們所教給他的那種方式使用它）。在大多數情況下，當維根斯坦要表達這樣的意思時，在有必要時，他都正確地使用了相應的動名詞形式「Meinen」。不過，有時他——比如在《哲學研究》第186、639、666節中——卻在這種意義上使用「meinen」的名詞化形式「Meinung」。但是，這個名詞化形式在德語中只有意見或看法的意思。安斯考姆有時忽略了維根斯坦的這種錯誤使用，因此將比如第639節中的「Meinung」譯作「opinion」（不過，她將第186、666節中的「Meinung」分別正確地譯作「*mean*-ing」和「your meaning one thing or another」）。德英對照第4版改正了這個嚴重錯誤。

　　我們還要注意，30年代以後，維根斯坦常常在與上述意義上的「meinen」和「Meinung」同義的意義上使用「intendieren」和「Intention」。而且，有時他又在這種意義上使用「beabsichtigen」和「Absicht」。在本書中，我們將「Intention」和「Absicht」，進而其動詞形式「intendieren」和「beabsichtigen」均譯作「意圖」。另外，維根斯坦也常常在這些詞的日常意義上使用它們。透過上下文，讀者不難看出其具體的意義。

　　德文「Wollen」一詞的中譯也頗難定奪。從哲學上說，其最為重要的用法是充當「Wille」（意志）的動名詞形式，意為意志的行使。中文中的「意志」這個名詞沒有相應的動詞用法，而「意志的行使」這種譯法不僅不簡潔，而且在許多語境中根本無法使用。一些譯者將其譯作「意願」；我們以前曾將其譯作「意欲」，也曾經將其譯作「意使」。但是，這些譯法顯然都不準確，或者過於人為。不過，在本譯稿中，我們還是權且將其譯作「意欲」。這樣譯的一個好處是照顧到了「wollen」的日常的意義。

　　同樣難於處理的還有「Vorstellung」這個詞。在維根斯坦這裡，這個詞的最為重要的意義大致相當於休謨式的哲學家所說的印象（impression）和觀念（idea）。二者均可以看成廣泛意義上的「心靈形象」（mental image），簡言之，「心象」（image）。這種意義上的「Vorstellung」義同於「Vorstellungsbild」（想像圖像）。維根斯坦有時又在動詞意義上使用「Vorstellung」。這時，其意義為：形成或

喚起心象進而使用它們的心靈活動。此種意義上的「Vor-stellung」我們譯作「想像」（英文為「imagination」）。有時，維根斯坦又在叔本華、康德等哲學家的意義上使用這個詞，這時我們將其譯作「表象」。

關於本書的編輯體例，如下幾點需要說明一下。

第一，維根斯坦大量使用了引號。通常他用雙引號來表示引用，單引號來表示引語之內的引語。但是，他有時也這樣單獨地使用單引號：提醒人們注意，其內的文字有特別的用法或意義。在通常的德語文獻中，雙引號也有第2種用法。中文的情況也是一樣的。因此，譯文中在維根斯坦在第2種意義上使用單引號的地方我們統一改用雙引號。另外，在寫作中維根斯坦大量使用了破折號。實際上，許多使用並非是必要的。而且，他使用破折號的方式有些特別：他通常用德語中的常規破折號即一短線「—」表示同一個思路中的短暫的停頓，用加長了的常規破折號「——」表示話題或說話者的轉換（後者大致相當於中文中的常規破折號的長度）。不過，由於無論是在德語還是在中文中，（常規的）破折號本來就具有這兩種功能，而且在具體的語境中區分二者並不困難，所以在我們的譯文中，我們只使用了中文的常規破折號。

第二，在相關手稿和打字稿中，維根斯坦以斜線、交叉線或刪除線的形式刪掉了大量文字或段落。不過，有些段落在相關上下文中並非是不好的或不必要的。因此，我們酌情保留了少數這樣的段落。另外，在相關手稿中，在許多

地方維根斯坦提供了兩個甚至於多個可供選擇的表述（所謂「異文」）。但是，現已出版的紙本維根斯坦著作常常只是直接選擇了其中之一，而並沒有告訴讀者這些可能的表述的存在。當然，在許多地方，這些可供選擇的表述只是具有修辭學上的意義，而無實質上的區別。但是，情況並非總是如此。在本書中，必要時，我們將以註腳的形式給出可供選擇的表述。在沒有必要這樣做時，我們均按照慣例做出選擇──通常選擇的是維根斯坦給出的最後一個可供選擇的表述形式。

第三，在十分必要的地方，我們以註腳的形式對維根斯坦行文中的相關內容做出了簡單的注釋。

第四，維根斯坦所謂「評論」（Bemerkung）構成了其所有遺稿的基本寫作單位。一個這樣的評論有時僅僅由一句話或一段話構成，有時由兩段甚或多段話構成。不同的評論之間一般會有一行或兩行的間距。在一些打字稿和手稿中，維根斯坦在評論前面加上了數字編號。但是，在許多打字稿和手稿中他並沒有這樣做。爲了體例上的統一和讀者引用上的方便，我們在編入該文稿中均加上了這樣的數字編號。

韓林合

北京大學哲學系暨外國哲學研究所

2017年6月20日

本書所用編輯符號意義如下：

黑體字	表示遺稿中的一重強調文字
黑體字	表示遺稿中的二重強調文字
著重點	表示遺稿中的三重強調文字
［…］	手稿中難以識別的字元
【補加文字】	編譯者所加文字

　　本書編譯前言或註腳中出現的 MS 101、MS 102等等為馮・賴特（G. H. von Wright）所制定的維根斯坦遺著編號體系中的手稿號，TS 201、TS 202等等為其中的打字稿號。「MSS」和「TSS」分別代表多個手稿和打字稿。

　　注釋中手稿號或打字稿號後由冒號所分隔開的數字指相關手稿或打字稿的頁數。

編譯前言

　　《邏輯哲學論叢》（*Logisch-philosophische Abhand-lung, Tractatus Logico-Philosophicus*）是20世紀最爲重要的哲學著作之一。其寫作和出版均有一部曲折的歷史。

　　《邏輯哲學論叢》是以若干本筆記（手稿）和打字稿爲基礎整理而成的。

　　1912年初，維根斯坦註冊爲劍橋大學三一學院的本科生，後成爲高級研究學生，隨羅素學習邏輯和哲學。1913年9月初，維根斯坦到挪威專心從事思考和寫作。至9月底他寫出了一部關於邏輯的手稿。在9月20日給羅素的信中他寫道：

　　類型還沒有得到解決，但是我產生了各種各樣的思想。這些思想在我看來是很重要的。現在我總是有這樣的感覺：我必死於能夠發表它們以前。這種感覺一天天變得強烈起來。因此，我的最大的願望就是盡可能早地向你傳達我到現在爲止所做的所有事情。不要以爲我認爲我的思想是非常重要的，但是我不能不有這樣的感覺：它們能夠說明人們避免某些錯誤。或者我錯了？如果是這樣，請不要留意這封信。我當然無法判斷我的思想在我死後是否值得保存下來。或許我思考這樣的問題根本就是可笑之舉。但是，如果是這

樣，請原諒我的愚蠢的舉動，因爲它不是一種膚淺的愚蠢之
舉，而是我所能做出的最深刻的愚蠢之舉。我意識到，我越
往下寫越不敢說出我的目的了。但是，我的目的是這樣的：
我想請求你允許我盡可能早地與你會面，並且給我以足夠的
時間，以便向你概要地描述我到現在爲止所做的事情的整個
範圍；如果可能，請讓我當著你的面給你做些筆記。……我
知道，向你提出這種要求可能既狂妄又愚蠢。但是，我就是
這樣的人——隨你怎麼看我都無所謂。[1]

10月2日，維根斯坦回到了劍橋。隨即他便向羅素解釋他的
思想。但是，羅素發現維根斯坦的思想不是很容易理解，並
且他也難以一下子記住他所說的東西。於是，他找了兩個速
記員幫忙。維根斯坦先後以英語和德語向他們口授了他的思
想的摘要。同時，他還以英文向羅素口授了他在挪威所寫的
手稿中的一些內容，羅素做了記錄。10月10日，維根斯坦
離開劍橋，返回挪威繼續其思考和寫作。回到挪威後，他從
已經寫好的德文手稿中節選出了一部分寄給羅素。它們與他
此前在劍橋向羅素口授的部分手稿合在一起組成了所謂「手
稿一」、「手稿二」、「手稿三」和「手稿四」。在維根
斯坦走後，羅素找人將他的速記摘要列印出來，並於1913

---

[1] *Ludwig Wittgenstein: Cambridge Letters. Correspondence with Russell, Keynes, Moore, Ramsey and Sraffa*, ed. B. F. McGuinness and G. H. von Wright, Oxford: Blackwell, 1995, pp.39-40.

年多至1914年春期間將維根斯坦寄給他的全部手稿譯成英文。這個摘要和4份英文手稿合在一起被稱爲「邏輯筆記」（Notes on Logic）（在馮・賴特的維根斯坦遺著編號體系中被稱作 TS 201a）。在此期間，羅素還重新排列了這些材料的順序，並給每一個主要的部分都加上了標題（在馮・賴特的維根斯坦遺著編號體系中被稱作 TS 201b）。1914年，羅素將經他整理的「邏輯筆記」送給了考斯泰羅（J. J. Costello），因而後來馮・賴特將其稱爲「考斯泰羅本」。前一種未經整理的形式被稱爲「羅素本」，現保存於加拿大麥克馬斯特（McMaster）大學羅素檔案館中。在維根斯坦逝世後，考斯泰羅本「邏輯筆記」先是於1957年發表在《哲學雜誌》（*Journal of Philosophy*）第 LIV 卷上，後作爲附錄 I 於1961年發表於《1914-1916年筆記》（*Notebooks 1914-1916*）第1版中。在《1914-1916年筆記》1979年第2版中，羅素本取代了考斯泰羅本。

　　回到挪威後，維根斯坦繼續進行卓有成效的邏輯思考和寫作（或許還是在同一本筆記中）。1914年3月29日至4月14日，摩爾（G. E. Moore, 1873-1958）來訪。維根斯坦讓摩爾看了他到此時爲止所寫的德文手稿（在此，值得指出的是，作爲「邏輯筆記」和「向摩爾口授的筆記」的基礎的這部德文手稿——或者說，這本筆記——已佚），並以英文向摩爾口授了其中的最新的成果。後來，摩爾的筆記（在馮・賴特的維根斯坦遺著編號體系中被稱作口授筆記301號）以「在挪威口授給摩爾的筆記」（Notes dictated to

G. E. Moore in Norway）的名稱（摩爾給予它的名稱是「維根斯坦論邏輯，1914年4月」［Wittgenstein on Logic, April 1914］）作爲附錄 II 於1961年發表於《1914-1916年筆記》第1版中。

摩爾離開以後，維根斯坦繼續其手稿的寫作。但是，似乎成果甚微。在1914年5月或6月分寫給羅素的信中，他寫道：

> 我的工作在近4至5個月期間取得了重大的進展。但是，現在我又處於疲倦的狀態，既不能工作也不能向你解釋我的工作。……這樣的狀態可能會持續一段時間，此後我的工作才會有所進展。[2]

在此期間，他在所住的旅館附近的湖邊山腰上建了一幢小木屋。

1914年6月底7月初，維根斯坦回到奧地利度假。但是，此時第一次世界大戰行將爆發。7月28日，奧匈帝國正式向塞爾維亞宣戰；8月6日，向俄國宣戰。8月7日，維根斯坦作爲志願兵參加了奧匈軍隊。隨即隨（炮兵）部隊開往處於奧俄邊境的克拉科夫（Krakau）。8月9日，維根斯坦便開始了其戰時筆記的寫作。開始兩週的筆記只有私人部分

---

2 *Ludwig Wittgenstein: Cambridge Letters. Correspondence with Russell, Keynes, Moore, Ramsey and Sraffa*, p.87.

（以密碼的形式寫出），哲學性部分始自於8月22日。至是年10月30日，他寫滿了第1本筆記（在馮・賴特的維根斯坦遺著編號體系中被稱作 MS 101），並即刻開始了第2本戰時筆記的寫作。在12月分給羅素的信中他寫道：

> 如果我死於這次戰爭中，那麼我會讓人將我以前給摩爾看的那本手稿和我現在在這次戰爭中已經完成的一本手稿一併寄給你。如果我還活著，那麼戰後我會到英國向你口頭解釋我的工作——如果你認爲這樣做合適的話。[3]

從1914年12月9日開始，維根斯坦被分配到所屬部隊總部的一間工廠工作。在這裡他享受到了相對安全和舒適的工作環境。至1915年6月22日，維根斯坦完成了第2本筆記（在馮・賴特的維根斯坦遺著編號體系中被稱作 MS 102）的寫作。在此後一段時間中，維根斯坦所做的哲學方面的工作具有總結性質。這點可以從他1915年10月22日寫給羅素的信中看出：

> 在過去一段時間我做了相當多的工作，而且我認爲也取得了不錯的成果。現在，在此我正在從【我所寫的】所有東西中進行摘錄，並將所摘錄出的東西以一本論著（Ab-

---

[3] *Ludwig Wittgenstein: Cambridge Letters. Correspondence with Russell, Keynes, Moore, Ramsey and Sraffa*, p.91.

handlung）的形式寫下來。在給你看這些東西之前，我絕不
會出版它們。但是，這當然只有在戰爭結束後才有可能。不
過，誰也不知道我是否會活到那一天。假如我到那時已經死
了，那麼請讓我的家人將我的所有手稿——包括最後的摘
錄（die letzte Zusammenfassung）（一系列散頁，用鉛筆寫
的）——寄給你。要理解所有這些東西你或許得做出一些努
力，但是請不要因此而被嚇倒。[4]

這個用鉛筆寫的由散頁構成的摘錄稍後被整理進一本筆記
之中。維根斯坦的摘錄基礎是他到那時為止所寫的所有筆
記——包括兩本戰時筆記即 MS 101和 MS 102，在挪威給摩
爾看過的那部手稿。這種總結工作於1916年3月下旬暫告一
段落。這時，他再度被派往前線。
　　1916年3月底，維根斯坦開始寫作第3本戰時筆記（在
馮・賴特的維根斯坦遺著編號體系中被稱作 MS 103）。不
過，4月15日以前的筆記只含有私人部分。哲學部分的筆記
是從4月15日開始的。9月分，維根斯坦回到維也納休假。
在休假期間，他著手從他所寫的東西中整理打字稿（部分以
向打字員口授的形式）。他可能列印出了兩部打字稿。打字
稿的基礎是他到此時為止寫的所有手稿（筆記）——挪威手
稿，MSS 101、102、103（部分），（以散頁和筆記本的形

---

[4] *Ludwig Wittgenstein: Cambridge Letters. Correspondence with Russell, Keynes, Moore, Ramsey and Sraffa*, p.103.

式出現的）摘錄。

　　秋季休假結束後，維根斯坦於9月下旬到摩拉維亞（Moravia）的奧爾姆茲（Olmütz）軍官學校接受訓練。出發前他隨身帶有未完成的手稿 MS 103和在維也納整理出的一份打字稿；此外，或許還帶有其他手稿──比如在1915年6月至1916年3月中旬所做的那本摘錄或論著。在受訓期間，維根斯坦繼續其 MS 103的寫作，同時對所帶的手稿和打字稿進行修改和補充（以附加手寫稿紙的形式）。整個12月分他只寫了一則筆記（2日）。聖誕節前夕，維根斯坦的受訓結束。在維也納作短暫停留後於1917年1月9日返回前線。在此期間，他繼續寫作 MS 103。不過，所寫的內容非常有限。MS 103的私人部分在1916年8月19日就結束了。哲學部分結束於1917年1月10日。

　　MSS 101、102和103的哲學部分於1961年以「1914-1916年筆記」的名稱出版。其中的私人部分因各種原因遲遲於1991年才得以出版，名稱爲《1914-1916年私人筆記》（*Geheime Tagebücher 1914-1916*）。

　　接下來的敘述涉及馮‧賴特編號體系中的 MS 104。1965年9月，馮‧賴特在維也納發現了維根斯坦的一本重要的手稿，它是用鉛筆寫成的。所用筆記本的尺寸爲$20 \times 24\frac{1}{2}$釐米，硬皮，用深綠色條紋亞麻布裝訂。該手稿主要由兩個部分和一個前言組成。第1個部分（第3頁至第103頁正數第11行以前），也是最長的一部分，本身構成了一部獨立的著

作。馮・賴特認爲它構成了《邏輯哲學論叢》的初稿，因而將其命名爲「Prototractatus」（意即《〈邏輯哲學論叢〉初稿》）。第2個部分（第103頁正數第12行以下至第118頁）則是對 Prototractatus 所包含的內容的進一步的補充和解釋。除極少數例外，出現於這部分中的諸評論與《邏輯哲學論叢》中的諸相應評論具有相同的數位編號。在大多數情況下，它們的表述形式也是相同的；所存在的差異不具有重要意義。

在該手稿的最後（第119頁至第121頁），有一個前言。它與《邏輯哲學論叢》的前言的區別是：沒有給出日期和地點；在結尾處多出了一段話。這段話是這樣的：

謝謝我的叔叔保羅・維根斯坦（Paul Wittgenstein）和我的朋友伯特蘭・羅素先生給予我的熱情的鼓勵。

由於該前言必定是在第2部分完成之後寫的，所以它不可能是專門爲 Prototractatus 而寫的。

Prototractatus 含有的31個完整的評論、2個評論的一部分以及6個未加編號的段落未出現於《邏輯哲學論叢》之中。但是，另有一個未加編號的段落也出現於《邏輯哲學論叢》之中。在 Prototractatus 與《邏輯哲學論叢》的相應評論之間，大致有400處用詞上的差異。不過，在大多數情況下這種差異是不重要的。除用詞上的差異外，還有思想的排

列形式上的差異。這種差異有時是很重要的。[5]

　　MS 104首頁只有這樣一段話：

　　將我的其他手稿中的所有好的命題加於這些命題之
間。數字表明了諸命題的順序及其重要性。因此，5.04101
跟在5.041之後，5.0411跟在5.04101之後，並且比它重要。

出現於第1句話中的「這些命題」一語所指的大概是手稿正
文第1頁（手稿頁數爲第3頁）上的諸命題，它們構成了 Pro-
totractatus 的「骨架」。

　　手稿的接下來的一頁是標題頁，所用標題爲：Logisch-
philosophische Abhandlung。再接下來的兩頁分別爲題獻頁
和警句頁。內容與《邏輯哲學論叢》相同。

　　現在，我們來討論一下 Prototractatus 的外表結構和寫
作過程。從外表結構上看，Prototractatus 是由3個大單元構
成的。第1個單元爲第3頁至第71頁正數第4行以前；第2個
單元爲第71頁正數第5行以下至第78頁倒數第4行以前；第
3個單元爲第78頁倒數第3行以下至第103頁正數第11行以
前。在這些單元之間各有一條橫線將它們彼此分開。這樣的

5　關於 Prototractatus 與《邏輯哲學論叢》之間的詳細的對應與區別，
　請參見 *Prototractatus*, ed. B. F. McGuinness, I. Nyberg and G. H. von
　Wright, tr. D. F. Pears and B. F. McGuinness, with an introduction by G. H.
　von Wright, London: Routledge & Kegan Paul, 1971, pp. 241-253。

橫線似乎具有這樣的重要意義：它標誌著一個寫作過程的結束。由此，我們可以將 Prototractatus 的寫作過程分爲3個階段。

在上面我們曾經提到，維根斯坦在1915年10月22日曾經寫信告訴羅素，他那時正在從他之前所寫的所有手稿中進行摘錄，並將它們寫成一部**論著**的形式，而如果他在戰爭期間死了，那麼羅素將會收到他的「**最後的摘錄**」。這個論著或摘錄先是用鉛筆寫在散頁上，然後又整理進一本筆記中。實際上，這個筆記本極有可能就是記載 MS 104的那個筆記本，而其所記載的內容——那部論著或最後的摘錄——極有可能就是 MS 104的雛形，即其第3頁至第70頁倒數第3行以前的內容。從內容上看，這種猜測也是非常合理的：MS 104第3頁至第70頁倒數第3行以前只包含維根斯坦1915年6月底以前所寫的筆記（手稿）——作爲1913年「邏輯筆記」和1914年「在挪威口授給摩爾的筆記」的基礎的那本德文原稿，前兩本戰時筆記——中的內容。因此，Prototractatus 第1個單元的主體部分（第3頁至第70頁倒數第3行以前）應該寫於1915年6月底至1916年3月下旬。

Prototractatus 第1個單元的另一部分（第70頁倒數第2行以下至第71頁正數第4行以前）共有5個評論。它們必定寫於1917年6月以前，因爲在他姊姊海爾米‧維根斯坦（Hermine Wittgenstein）此時寫給他的一封信上，維根斯坦寫上了這樣一句話：

　　Worüber man nicht reden kann, darüber muss man
schweigen.

　　（對於不可談論的東西，人們必須以沉默待之。）

這句話似乎是對出現於 Prototractatus 第71頁第3和第4行上
的評論7的一種修正：

　　Wovon man nicht sprechen kann, darüber muss man
schweigen.

　　（對於不可言說的東西，人們必須以沉默待之。）

這種修正意在強調以下兩點：「Worüber」與「darüber」
形成了更為鮮明的呼應關係；和「sprechen」（言說）與
「schweigen」（沉默）的對比相較而言，「reden」（談
論）與「schweigen」的對比效果顯得更為強烈（不過，在
《邏輯哲學論叢》終稿中，維根斯坦還是選擇了原來的表
述）。由於1916年3月下旬維根斯坦再度被派往前線，而他
在出發前將所有的手稿都寄回了維也納，所以 Prototractatus
第70頁倒數第2行以下至第71頁正數第4行以前的5個評論
的寫作也應該是在1915年6月底至1916年3月下旬之間，但
是它必稍後於第1個單元第3頁至第70頁倒數第3行以前的寫
作（可以說是對後者的進一步的補充）。麥吉尼斯（Brian
McGuinness）將 Prototractatus 的第1個單元稱作「proto-
Prototractatus」（意即「《〈邏輯哲學論叢〉初稿》之初

稿」）。

　　Prototractatus 第2個單元（第71頁正數第5行以下至第78頁倒數第4行以前）的寫作時間應該是在維根斯坦1916年秋季休假期間。此間，他以他至此所寫的所有筆記（包括MS 103）爲基礎對 Prototractatus 的已有內容進行了進一步的補充。事實上，這一部分包含著取自於 MS 103中的大約5個評論；但是，MS 103中9月19日以後的評論則無一出現於其中。我們已經知道，他在這個時間還讓人爲他列印出了兩個打字稿。他在擴充 Prototractatus 的同時，或許也將所擴充的內容加進於這兩個打字稿——至少是其一——之中（當然這種工作也可能是稍後在奧爾姆茲受訓期間做的）。

　　1916年12月底至1917年1月上旬，維根斯坦在返回前線前在維也納短暫停留。此間他給他姊姊海爾米·維根斯坦列了一張他當時已經完成的所有哲學著作的清單，其目的是如果他萬一陣亡了，那麼他姊姊應該將這張清單上所列的著作悉數寄給羅素，以便讓後者幫助出版。他姊姊稍後（1917年1月中下旬）又將這張清單抄寫在另一張品質好一些的紙上。後者保留了下來，於80年代末被重新發現。其內容如下：

(1) 一本筆記（大小爲公文用紙的標準尺寸，即33×42釐米）。保存在特倫克勒爾處。手寫稿。
(2) 2本4開本筆記。保存在特倫克勒爾處。手寫稿。同時還存在源自於(1)和(2)的打字稿。在奧爾姆茲有一本修改過的打字稿。

(3) 1本4開本筆記。只有手寫稿（其中的一部分也已經包含於打字稿中）。

(4) 1本8開本筆記。只有手寫稿。所有命題依次排列，未做任何修改。

(5) 一本筆記（大小為公文用紙的標準尺寸，即33×42釐米）。包含對(1)和(2)的修改，準備出版。

將(3)、(4)和(5)以及(1)、(2)的打字稿和一隻金錶寄給羅素。

將手稿(1)寄給平森特。

將特倫克勒爾處的那本打字稿毀掉。

從前面的敘述我們可以確定：(1)即他在挪威給摩爾看的那本手稿（由於該手稿中的一部分是與平森特一起在挪威度假時寫的，所以維根斯坦要將它送給他）；(2)則是他當時已經全部完成的前兩本戰時筆記；(3)是他當時正在寫作中的第3本戰時筆記；(5)則是他在1915年6月底至1916年3月底所做的那本摘錄或論著——更進一步來說，它就是 MS 104（不過，這時只完成了第1部分〔即 Prototractatus〕的第1和第2單元）。的確，二者從外表上看似乎有所不同：MS 104雖然比其他戰時筆記本要大一些，但還不是標準的公文用紙的尺寸，因為它只有$20 \times 24\frac{1}{2}$釐米。但是，完全可以設想，維根斯坦對其所用筆記本的大小的描述並不一定完全準確。這張清單中所提到的打字稿就是維根斯坦在1916

年秋季休假時讓人打出的那兩份打字稿。由於在奧爾姆茲他
對其中之一進行了修改，所以維根斯坦告訴他姊姊，可以將
保存在維也納特倫克勒爾處的那本打字稿毀掉。出現於(3)
中的括弧內的補充說明「其中的一部分也已經包含於打字稿
中」似乎是事後加上去的。難於確定的是(4)。它似乎是在
1916年秋爲打字員所特別準備的比較清楚的手寫稿；或者
是(5)的前身（未加修正的形式）（但是，這種解釋不無困
難。因爲如果這樣，那麼大概沒有必要將其與(5)一併寄給
羅素）。這張清單非常清楚地表明：在1915年6月底至1916
年3月中旬之間維根斯坦並沒有寫出另外的戰時筆記。

　　現在，我們接著確定 Prototractatus 第3單元（78頁倒數
第3行以下至第103頁正數第11行以前）的寫作時間。這個
時間段應該是1916年9月下旬至1918年上半年之間。在這個
單元的寫作過程中，維根斯坦既使用了正在寫作或已經完成
的 MS 103中的材料，也使用了以前所有手稿中的材料；此
外，他還寫出了許多新的評論（這些新的評論或者是直接寫
在 Prototractatus 中的，或者是從他1917年1月中旬以後所寫
的新的戰時筆記——如果存在著這樣的筆記的話——中取出
的）。因此，Prototractatus 大概最終完成於1918年上半年
的某個時間。在寫作這個單元的同時，維根斯坦大概還對奧
爾姆茲打字稿進行了修改和補充，特別是對其中的諸評論的
序號或先後次序進行了重新安排。

　　1918年上半年稍晚的時間至7或8月之間，維根斯坦最
終完成了 MS 104 的第 2 個部分的寫作。我們看到，在這

一部分中，在諸評論之間前後共夾有8條表示寫作階段的橫線。這說明，這一部分也是在不同的時間完成的。

7月初至9月底，他在維也納、薩爾斯堡（Salzburg）及其附近休假。在7月初至8月分這段時間，他以剛剛完成的 MS 104 和進一步修改了的奧爾姆茲打字稿[6]為基礎先後讓人列印、複製出3本打字稿。稍早的一本後來被稱為格木登（Gmunden）本，即 TS 204；稍後以其為基礎又列印或複製出了兩本，分別被稱為維也納本（即 TS 203）和恩格爾曼[7]本（即 TS 202，應該是複製稿）。格木登本含有大量的修改和用鉛筆做的標記。恩格爾曼本含有更多的修改和補充。後來，維根斯坦將恩格爾曼本稱作「唯一改正了的本子」（das einzige korrigierte Exemplar）[8]。維也納本少了最後一頁，只含有少量用鉛筆做的修改，但沒有實質性的補充。維也納本與恩格爾曼本有如下兩點值得注意的區別：其

---

6 我估計這個被一再修改的打字稿就是 MS 104第103頁下部方括弧中所說的那本「校樣」。「校樣」德文為「Korrektur」。這個德語詞嚴格說來是指印刷校樣。但是，《邏輯哲學論叢》最早的印刷校樣應該是奧斯特瓦爾德（W. Ostwald, 1853-1932）在1921年印行它時所做出的，而且維根斯坦根本就沒有看到過這個校樣。因此，在這裡「Korrektur」應該是指某個打字稿。

7 Paul Engelmann，維根斯坦在1916年秋季休假時結識的重要朋友之一。後來維根斯坦將打字稿副本之一送給了恩格爾曼。該本遂被稱為恩格爾曼本。

8 此語出於維根斯坦1919年6月12日寫給羅素的信（參見 *Ludwig Wittgenstein: Cambridge Letters. Correspondence with Russell, Keynes, Moore, Ramsey and Sraffa*, p.116）。

一，維也納本沒有評論6.1203，在恩格爾曼本中該評論是後加上去的（用鉛筆，以附頁的形式）；其二，在恩格爾曼本中，評論6.241中所給出的是對命題「2×2 = 4」的證明，而在維也納本中，則是對命題「2＋2 = 4」的證明（格木登本中原來也是對命題「2×2 = 4」的證明，但後來被手工改為對命題「2＋2 = 4」的證明）。

因此，《邏輯哲學論叢》最終完稿於1918年8月分。在從義大利監獄中寫給羅素的信（1919年3月13日）中，維根斯坦寫道：

> 我已經寫了一本名為「邏輯哲學論叢」（Logisch-Phi-lo-sophishe Abhandlung）的書，它包含著我過去6年的所有工作。……我是1918年8月完成它的。兩個月後我便成了俘虜。我現在隨身帶著這部手稿。我希望能複製一份給你；但是，它太長，而且我也沒有安全的方式將它寄給你。[9]

維根斯坦於1918年9月底返回前線。出發時，他隨身帶有恩格爾曼本打字稿。11月初在義大利成為戰俘。12月，他吩咐他的一個姊姊從維也納將格木登本打字稿寄給弗雷格（Gottlob Frege, 1848-1925）。1919年6月，他將恩格爾曼本寄給羅素。

---

[9] *Ludwig Wittgenstein: Cambridge Letters. Correspondence with Russell, Keynes, Moore, Ramsey and Sraffa*, p.111.

　　關於《邏輯哲學論叢》的寫作，以下故事曾經廣爲流傳：在其逝世以前最後一次回維也納時（1949年12月至1950年3月），維根斯坦要他的家人將作爲《邏輯哲學論叢》基礎的仍然存在的幾本筆記毀掉。安斯考姆（G. E. M. Anscombe）當時在維也納。她說她聽說過這件事。後來，恩格爾曼講述了同樣的故事：

　　他的手稿筆記本是用條紋亞麻布裝訂的大帳本。在奧地利，人們一般將其用作總帳本。《邏輯哲學論叢》是從7本這樣的筆記本所作的最終的摘錄。這些筆記本在成書後被毀掉了。[10]

根據這個故事，馮·賴特認爲：除了現在倖存下來的3本戰時筆記外，還應該有4本左右類似的戰時筆記。它們寫成於1915年6月底至1916年4月（1至2本）和1917年1月至1918年8月（2至3本）。因此，總共應該有7本左右戰時筆記。但是，只有其中的3本保留了下來。從前面我們看到，80年代末所發現的維根斯坦1917年1月所寫的那張著作清單表明，在1915年6月底至1916年4月這段時間他並沒有寫出新的筆記。不過，在1917年1月至1918年上半年這段時間內他有可

---

10 恩格爾曼1953年4月23日寫給哈耶克（F. A. Hayek）的信。轉引自馮·賴特，"The origin of the *Tractatus*", in *Wittgenstein*, Oxford: Blackwell, 1982, p.67。

能寫下過一些筆記；但其數目不會超過兩本。實際上，維根
斯坦在這段時間所寫下的新的評論中的一大部分或全部非
常有可能是直接寫在MS 104上的。維根斯坦的家人大概根
本就沒有按照他的吩咐去做；或者，即使這樣做了，他們毀
掉的也有可能是挪威手稿和其他不太重要的手稿或打字稿，
如：1917年1月分那張清單上的專案4，1916年秋與奧爾姆
茲打字稿同時形成的那份打字稿等等。

　　寫完《邏輯哲學論叢》之後，維根斯坦便立即連繫出
版。1918年8月底，他將書稿交給維也納雅奧達和齊格爾
（Jahoda & Siegel）出版社。10月25日，該出版社以不便排
印為由予以拒絕。1919年8月中旬，維根斯坦獲釋，回到維
也納。這時，他開始連繫維也納的另一家出版社布勞穆勒
（Wilhelm Braumüller）。這家出版社需要一個哲學教授的
推薦信。維根斯坦認為，只有羅素能對其著作略知一二。因
而，1919年8月20日，他寫信給羅素，請求他給該出版社寫
封推薦信。該出版社接到信後告訴維根斯坦，他們可以出
版，但是維根斯坦自己必須負擔全部印刷費用。這令維根斯
坦非常惱火，他當然不能接受這樣的條件。在10月中旬給費
克爾（Ludwig von Ficker, 1880-1967）的信中，他寫道：

　　　首先，我沒有錢自費出版我的書，因為我已經放棄了我
的全部財產。……再者，即使我能弄到這筆錢，我也不願這
樣做。因為我認為以這樣的方式來將一本著作強加給這個世
界——該出版商也是其成員之一，這過於俗氣，是不正派的

行為。寫作它是我的事；但是，這個世界必須以正常的方式
來接受它。11

　　接下來，維根斯坦轉而求助於弗雷格。1919年，弗雷
格在《德意志唯心論哲學集刊》（*Beiträge zur Philosophie
des deutschen Idealismus*）第1集（1918-1919年）上發表了
一篇名為〈思想〉（Der Gedanke）的文章。文章發表後，
弗雷格寄了一份給維根斯坦。在其1919年9月16日寫給弗雷
格的信（已佚）中，維根斯坦首先告訴弗雷格他已經收到此
文，同時對該文中的一些觀點提出了批評，最後還請求弗
雷格幫忙在這個集刊上發表他的著作。在1919年9月30日給
維根斯坦的回信中，弗雷格是這樣答覆維根斯坦的：首先，
對於這個集刊來說，《邏輯哲學論叢》的篇幅過大。再者，
它也不符合嚴格的科學論文的標準，比如其中沒有章節的劃
分。因而，弗雷格向維根斯坦提出了這樣的建議：如果他果
真想在這個集刊上發表他的成果，那麼他應該從他所處理的
諸多題目中挑選出一個，然後像一般科學論文那樣來討論這
個題目。在對《邏輯哲學論叢》進行了初步研究後，弗雷格
獲得了這樣的印象：它根本就沒有說清楚任何問題，其中有
太多需要進一步解釋的地方（因此，在1920年4月3日寫給
維根斯坦的信中，弗雷格明確地表示，他的書無法在集刊上

---

11 *Briefe an Ludwig von Ficker,* hrsg. von G.H. von Wright unter Mitarbeit
von Walter Methlagl, Salzberg: Müller, 1969, S.33.

發表）。[12]

　　維根斯坦當然不願意按照弗雷格的吩咐去做。因而，他於1919年10月中旬寫信給費克爾，請他幫忙出版。在這封信和稍後的一封信中，維根斯坦向費克爾解釋了他的這本書的主要意旨，指出他不僅僅是哲學性的，也是文學性的，最終是倫理性質的。在此期間，他將一本打字稿[13]寄給了費克爾。11月21日，維根斯坦得到了費克爾的答覆：他也拿不定主意是否出版他的書。次日，在給費克爾的信中，維根斯坦悲傷地寫道：

　　　您的信當然令我很不舒服，儘管我大致也能猜想到您的回答。事實上，我自己也不知道哪裡會接受我的著作！但願我自己是生活在其他地方，而不是在這個糟糕透頂的世界上。──

　　　從我這方面說，您可以將稿子交給那個哲學教授審查（儘管將一部哲學著作交給一個哲學教授，這無異於將珍珠……）。此外，他一個字也不會理解它。

12　參見"Gottolob Frege: Briefe an Ludwig Wittgenstein", hrsg. von Allan Janik, in *Grazer philosophische Studien* 38(1989), S.23-26。

13　大概是維也納本或格木登本，不可能是恩格爾曼本──此時羅素還未將其寄回。11月中旬維根斯坦才收到羅素寄回的恩格爾曼本（參見維根斯坦1919年11月21日寫給羅素的信。載於 *Ludwig Wittgenstein: Cambridge Letters. Correspondence with Russell, Keynes, Moore, Ramsey and Sraffa*, p.137）。

　　現在，我只有一個請求：請您快速作出決定，不要讓我這樣痛苦。請您快點向我說不，而不要這樣慢悠悠地予以拒絕。這是奧地利式的溫柔的情感（österreichisches Zartgefühl）。但是，此刻我的神經已經沒有那麼堅強，不堪忍受這樣的情感了。[14]

這封信令費克爾感到很震驚。他立即給維根斯坦發了一封電報，對其進行安慰，並保證他會竭盡全力幫助出版他的著作。但是，費克爾的努力並沒有什麼結果。維根斯坦後來得知，費克爾之所以不能出版他的書，實際上並非是他個人的原因，而是因為他的雜誌和出版社遇到了財務危機。

　　1919年12月中旬，維根斯坦與羅素在荷蘭海牙會面。在這次會面中，羅素說他願意為維根斯坦的著作寫個導言，並親自將其譯成英語，力促其出版（以德英對照的形式）。這令維根斯坦非常滿意。他以為，有了羅素——這位當時舉世皆知的名人——的導言，他的著作的出版肯定不會有任何問題了。

　　1920年1月，在恩格爾曼的協助下，維根斯坦連繫到了一家德國著名的出版社——萊比錫萊克拉姆（Reclam）出版社。該出版社允諾，如果有羅素的導言，那麼出版便不成問題。4月初，維根斯坦終於收到了羅素的導言。對這個導言他實際上並不滿意，認為無論是在羅素解釋他的思想的地

---

14 *Briefe an Ludwig von Ficker*, S.37.

方，還是在其批評它的地方，他均不敢苟同。[15]不過，他還是決定接受它。隨即差人將其譯成德文。德文稿譯就之後，令他非常失望。在5月6日給羅素的信中，他寫道：

衷心感謝你的熱情的來信。但是，我現在要告訴你一件會令你生氣的事情：你的導言將不會印行，因此我的書也可能不會印行。──因爲當我看到該導言的德文譯稿時，我當然不能允許將它與我的著作一同出版。因爲譯稿顯然沒有將你的英語的那種風格上的精緻之處給譯出來，剩下來的只是膚淺和誤解。我已將《邏輯哲學論叢》與你的導言一同寄給萊克拉姆出版社，並且告訴他們：我不希望印行該導言，它的作用只是嚮導性的──它可以幫助他們看清我的著作的性質。現在萊克拉姆出版社極有可能據此不接受我的著作（儘管我還沒有接到他們的任何答覆）。不過，對於此事我已經可以泰然處之了，而且我的理由似乎是無懈可擊的：因爲我的著作或者是一流的作品，或者不是一流的作品。如果是第2種情況（這種可能性更大一些），我自己也贊成不印行它。而在第1種情況下，它是早或晚20年或100年印行的，這完全無所謂。因爲誰又會提出諸如《純粹理性批判》是17x 年還是17y 年寫出的這樣的問題！的確，在這種情況下，真正說來它也不需要印出來。──現在請你不要生氣！

---

[15] 參見 *Ludwig Wittgenstein: Cambridge Letters. Correspondence with Russell, Keynes, Moore, Ramsey and Sraffa*, p.152。

或許我有點忘恩負義，但是我別無選擇。[16]

大約在5月分的晚些時候，維根斯坦接到了萊克拉姆出版社的答覆：他們不準備出版他的書。7月7日，在寫給羅素的信中，維根斯坦告訴了他這個結果：

　　多謝你的熱情的來信！萊克拉姆當然沒有接受我的書。我暫時不會採取任何進一步的步驟促其出版。但是，如果你有興趣讓它出版，那麼任由你支配好了。你可以用它來做任何你樂意做的事情（不過，如果你改動了文本，那麼你需要說明這種改動是出自於你之手）。[17]

接下來，維根斯坦還告訴羅素，他已經拿到了教師培訓學校的合格證書，可以做小學教師了（此後，維根斯坦到維也納附近的一所修道院做了一段園丁助理工作。9月，他到下奧地利的一所山區小學任教。後來又轉到另一所小學）。在隨後的時間，維根斯坦將恩格爾曼本又寄回給羅素。
　　1920年秋至次年8月底，羅素到中國講學。在出發前，他將維根斯坦的書稿交給瑞奇（Dorothy Wrinch）小姐，讓她協助出版。瑞奇先是連繫了劍橋大學出版社，但是很快

---

16 參見 *Ludwig Wittgenstein: Cambridge Letters. Correspondence with Russell, Keynes, Moore, Ramsey and Sraffa*, p.153。

17 參見 *Ludwig Wittgenstein: Cambridge Letters. Correspondence with Russell, Keynes, Moore, Ramsey and Sraffa*, p.157。

被拒絕。接著，她又給3家德國雜誌社寫信。它們分別是：
《心理學和感官生理學雜誌》（*Zeitschrift für Psychologie und Physiologie der Sinnesorgane*），《系統哲學檔案》（*Archiv für systematische Philosophie*），《自然哲學年鑑》（*Annalen der Naturphilosophie*）。1921年2月分，3家雜誌社都有了答覆。第1家表示維根斯坦的書既然是哲學性的，因而不適於發表在他們的雜誌上。第2家表示願意發表羅素學生的著作，但是得推遲一段時間。第3家雜誌的主編是奧斯特瓦爾德。他回信說：主要是出於對羅素的學識和人格的敬仰，因而決定發表維根斯坦的著作，特別是羅素的導言。2月24日，瑞奇小姐將稿子寄給奧斯特瓦爾德，後者於3月初收到稿子。接著《邏輯哲學論叢》便如期刊載於《自然哲學年鑑》最後一期（1921年第14卷第3-4期）上，所用書名是德文名「Logisch-philosophische Abhandlung」。同時，還印了一些單行本。[18]

　　1921年8月底，羅素從中國回到英國。回國後他便著手連繫在英國出版《邏輯哲學論叢》的德英對照本。此時，他的朋友奧格登（C. K. Ogden）正好出任《國際心理學、哲學和科學方法叢書》（*The International Library of Psychology, Philosophy and Scientific Method*）的主編。該叢書的出版者爲倫敦羅特萊治 & 凱根・保羅（Routledge & Kegan

---

[18] 奧斯特瓦爾德所印行的羅素導言的德文譯文不是維根斯坦找人譯出的那份，而是他自己或他找人譯出的。

Paul）出版公司。羅素和奧格登連繫後，後者決定將維根斯坦的書作為該叢書的一冊出版。翻譯工作主要是由蘭姆西（F. P. Ramsey, 1903-1930）於1921年冬至次年春完成的，所用德文原稿大概是奧斯特瓦爾德所印行的德文版的一份單行本。羅素或許幫助修改過譯稿。譯就之後，奧格登隨即將譯稿寄給維根斯坦做進一步的修改。在修改期間，維根斯坦還收到了一份奧斯特瓦爾德版單行本（大概是奧格登寄來的）。在英譯稿和德文單行本上，維根斯坦做了大量的修改工作。奧斯特瓦爾德版是根據恩格爾曼本排印的。在恩格爾曼本中，許多無法用打字機打出來的邏輯符號是透過打字機中現有的其他符號來代替的。比如，用「！」來代替沙弗豎（Sheffer stroke）「|」，用「/」來代替否定符號，用「C」代替蘊涵符號等等。奧斯特瓦爾德版也是這樣做的。由於維根斯坦沒有過問奧斯特瓦爾德版的出版之事，所以他也就無緣對其錯誤進行修正。此外，奧斯特瓦爾德版還包含有許多錯印之處、甚至多印之處（將羅素在恩格爾曼本中所做的一些邊注符號也一併印出）、漏印之處（比如，在其中，評論4.0141只含有這樣的文字「參見補充 Nr.72」。在恩格爾曼本中我們看到，在相應的地方除了手寫的這句話外還附有兩個打字的小紙條，而其內容便是「補充 Nr.72」）。在英譯稿和德文單印本上，維根斯坦修正了所有這些錯誤。除此之外，他還做出了其他一些改動，如：有時附加了一個詞或短語；有時用 Prototractatus 中的原有的表述取代了奧斯特瓦爾德本（因而恩格爾曼本）中的表述；有時修正了其中

的某個邏輯公式中的事實性的錯誤（如：在評論5.12和5.42
中，同樣的錯誤也出現於 Prototractatus 的相應評論5.041和
5.2211中），改正了評論6.1203中的一處錯誤；在評論4.003
的最後增加了一段內容；對評論6.2341進行了重要的修改
（在奧斯特瓦爾德版中該評論與 Prototractatus 的評論6.211
具有大致相同的表述形式）[19]等等。除了改正了英文譯稿中
的這些源於奧斯特瓦爾德版中的諸多錯誤之外，維根斯坦還
對其中翻譯方面的諸多錯誤進行了大量的修正。1922年4月
23日，維根斯坦將改好的英譯稿和德文本一併寄回給奧格
登。5月分，奧格登又寫信給維根斯坦，與其進一步討論了
翻譯中的一些問題。6-7月，維根斯坦收到校樣，對其進行
了仔細的校讀，並另附紙寫了一些修正意見。8月4日，他
將校樣和修正意見寄回給奧格登。11月，德英對照本正式出
版。所用書名是摩爾建議的拉丁文名稱「Tractatus Logico-

---

[19] 改正後的形式為：

數學方法的本質是使用等式。因為如下之點是以這樣的方法為基礎
的：每一個數學命題都必是不言自明的。

改正前為：

羅素、懷德海和弗雷格不了解數學方法的本質在於使用等式。如下之
點是以這樣的方法為基礎的：每一個數學命題或者是不言自明的，或
者是沒有任何意義的。

對於奧斯特瓦爾德版，維根斯坦是非常不滿意的。在1922年8月5日寫
給恩格爾曼的信中，他徑直將其稱作「海盜版」（Raubdruck）（參
見 *Letters from Wittgenstein, with a Memoir by Paul Engelman,* ed. B. F.
McGuinness, tr. L. Furtmüller, Oxford: Blackwell, 1967, p.48）。

Philosophicus」。原來的英文譯名爲「Philosophical Logic」
（哲學邏輯）。這個名稱應該是受到了羅素《我們關於外部
世界的知識——科學方法在哲學中應用的一個領域》（*Our
Knowledge of the External World as a Field for Scientific
Method in Philosophy*）一書的啓發。在該書中，羅素說他和
弗雷格所發展的新邏輯的初始的部分——即確定命題和事實
的邏輯形式的那部分——屬於哲學，可以稱作「哲學邏輯」
（意即「屬於哲學或具有哲學重要性的那一部分邏輯」），
而其更深入的部分——即處理諸形式之間的推理關係的部
分——則屬於數學。[20]奧格登和羅素本來傾向於使用這個名
稱。但維根斯坦在比較之後更樂於採用拉丁文名稱。儘管他
對此也並不滿意。在1922年4月23日給奧格登的信中，維根
斯坦寫道：

　　至於書名，我認爲那個拉丁文名稱好於現在這個名稱
【即 Philosophical Logic】。因爲儘管「Tractatus Logico-
Philosophicus」也不理想，但是它還包含有類似於正確的
意義的東西；而「Philosophical Logic」則是錯誤的。事實
上，我不知道它的意義是什麼！不存在 Philosophical Logic
這種東西（除非人們這樣說：整體看來這本書鬼話連篇，因

20　參見 B. Russell, *Our Knowledge of the External World as a Field for
Scientific Method in Philosophy*, rev. edn, London: Allen and Unwin,
1926, pp.50-51。

而它的名稱不妨也可以是一句鬼話）。[21]

在此，維根斯坦的看法當然過於極端。實際上，按照羅素的理解，「Philosophical Logic」一語當然是有著非常清楚的意義的。只是在這種理解之下，相對於維根斯坦的書來說，它的意義過於狹窄，無法涵蓋該書的全部內容。摩爾之所以想到「Tractatus Logico-Philosophicus」這個名稱，顯然是受到了斯賓諾莎的「Tractatus Theologico-Politicus」（《神學政治論》）這個名稱的啓發。「Tractatus Logico-Philosophicus」實際上就是「Logisch-philosophische Abhandlung」這個德文名稱的拉丁文翻譯。這個德文名稱的意義非常廣泛，它的意思是「一本邏輯的、哲學的論著」（這裡不能將「logisch」一詞看做修飾「philosophisch」的，它和「philosophisch」一樣，也是修飾「Abhandlung」的。其後的連字號清楚地表明了這點），因而無疑可以涵蓋該書的全部內容。[22]

---

[21] *Letters to C. K. Ogden*, with Comments on the English Translation of the *Tractatus Logico-Philosophicus*, ed. G. H. von Wright, Oxford: Blackwell/London: Routledge, 1973, p.20.

[22] 這裡，我們要指出，麥吉尼斯關於這個德文名稱的解釋是不正確的。他是這樣解釋的：「一本……以邏輯的方式來處理哲學問題的論著」（B. F. McGuinness, *Wittgenstein, a Life: Young Ludwig* 1889-1921, London: Duckworth, 1988, p. 299）。在這種解釋之下，維根斯坦的確有理由說：「事實上，我不知道它的意義是什麼！不存在 Philosophical Logic 這種東西」。此外，我們要指出，「Philosophical

　　1923年9月，蘭姆西到維根斯坦任教的小學拜訪他。蘭姆西在維根斯坦處住了兩週。在此期間，二者就《邏輯哲學論叢》中的一些問題，特別是英語翻譯中的一些問題，進行了多次討論。維根斯坦對英譯文提出了許多修改意見。此外，他還對德文本進行了一些改動（重要的改動有兩處：一為改正了評論4.023中的一處語言錯誤；一為改正了評論5.152中的一處實質性錯誤）。特別地，他還補充了4個評論。除了這4個補充的評論外，維根斯坦所做的絕大部分修改和改動後來都被收進了1933年德英對照版第2版中。

　　1961年，佩爾斯（D. F. Pears）和麥吉尼斯的新譯本出版（同樣以德英對照的形式），1974年，出版了修訂本。隨後，這個版本成了標準的英語譯本。事實上，它絕非盡善盡美，其中有一些明顯的誤譯之處。在許多地方，其翻譯過於自由。

　　1989年，麥吉尼斯和舒爾特（Joachim Schulte）編輯出版了一個德文「批判版」（Kritische Edition），出版者為德國祖爾卡姆普出版社。其所據版本主要是1933年德英對照版中的德語文本。該版本的獨特之處是：《邏輯哲學論叢》中的評論只出現於左邊的書頁上，而在右邊的書頁上出現的則是與左邊的相應評論相關的所有重要材料（主要選自於

　　Logic」一語後來具有了各種各樣新的意義，其中之一是指透過現代邏輯的方法來分析和闡釋某些哲學概念及其關聯和結構的學科，如：所謂時態邏輯（tense Logic）、道義邏輯（deontic Logic）等等。

「邏輯筆記」、「向摩爾口授的筆記」、《1914-1916年筆記》、維根斯坦寫給羅素的信等等）或者是與 Prototractatus 相應評論的比較。因而，這個版本爲研究者提供了極大的方便。

　　1927年，張申府根據1921年版德英對照本將 *Tractatus Logico-Philosophicus* 譯成中文，所用書名爲《名理論》，發表於《哲學評論》第1卷第5期（1927年）和第6期（1928年）。這是《邏輯哲學論叢》在世界上的第2個譯本。

　　我的這個譯本初稿完成於1991年左右，所據版本爲德國祖爾卡姆普出版社1984年版《維根斯坦著作集》第1卷。在1999年寫作《〈邏輯哲學論〉研究》期間，我又根據「批判版」進行了重新翻譯。在2006年修訂該書時，我又對照相關手稿和打字稿對譯文進行了仔細的修改。一年前，我根據相關原始材料對譯文做了進一步的修改和潤飾。另外，我還對該書的呈現形式做了不同於德文版和德英對照版的處理：一是將7個主評論拿出來，當做各「章」的標題；二是加大了評論之間的間距。

韓林合

北京大學哲學系暨外國哲學研究所

2011年8月22日

謹以此書紀念我的朋友

大衛・平森特

警句：……而且人們所知道的所有東西，
人們所聽到的所有東西，如果不只是雷
鳴聲和海嘯聲，
均能用三句話說出來。

—— 遜伯格[*]

[*] F. Kürnberger（1821-1879），奧地利小品文作家和文學批評家。所引段
落出自於該作者的如下作品："Das Denkmalsetzen in der Opposition", in
Literarische Herzenssachen. Reflexionen und Kritiken, Wien, 1877, S. 338-
339。在上下文中作者在討論古代藝術和近現代藝術之區別。在此，一個
沒有受到過相關的系統的教育的人會認為，說清楚這個區別非常費事，必
須動用整個想像的世界，得需要幾本書的篇幅和一個學期的教學。而受
到過相關的系統的教育的人則會說：這並不費事，只需要3句話就行了：
「古代藝術源自於身體，近現代藝術源自於心靈。因此，古代藝術是形
象化的（plastisch），而近現代藝術則是抒情詩式的、音樂式的、繪畫式
的，簡言之，浪漫式的。」接著，作者感嘆道：「好的！因此，如果人們
真的掌握了整個想像的世界，那麼一個堅果便可容納下它們的全部。」接
下來便是維根斯坦所引的話。其中「知道」在原文中為重讀。

序言

　　或許只有這樣的人才會理解這本書：他自己已經想到過表達於其中的思想 —— 或者至少是類似的思想。—— 因此，它絕不是一本教程。—— 如果它給理解了它的一個讀者帶來了愉悅，那麼它的目的便達到了。

　　這本書處理哲學問題，並且表明 —— 如我所認為的那樣 —— 這些問題的提出是以對我們的語言的邏輯的誤解為基礎的。人們或許可以透過下面的話來總結這本書的全部意義：可以言說的東西都可清楚地加以言說；而對於不可談論的東西，人們必須以沉默待之。

　　因此，這本書旨在畫出思維的界限，或者更準確地說，—— 不是畫出思維的界限，而是畫出思想的表達的界限：因為為了畫出思維的界限，我們必須能夠思維這個界限的兩邊（因此，我們必須能夠思維不能夠思維的東西）。

　　因此，這個界限只能在語言之中畫出來，而位於該界限的另一邊的東西直接就是胡扯。

　　我無意確定，在什麼樣的範圍內我的努力與其他哲學家的努力是重合的。的確，從細節上說，我並不聲稱我在這裡寫下的東西是全新的；因為對我來說，是否另一個人已經在我之前提出過我所提出的思想，這點並不重要，所以我也沒有給出任何思想來源情況。

　　我只想指出，對我的思想的大部分刺激來源於弗雷格的偉大的著作和我的朋友伯特蘭・羅素先生的著作。

　　如果這部著作有什麼價值的話，那麼這種價值在於以下兩個方面。首先，在其中思想得到了表達。就此而言，思想表達得越好——話說的越對路，這個價值就越大。——在此，我意識到，我做得還遠遠不夠。其原因很簡單：我駕馭這個任務的力量太小了。——但願其他人接下這個任務，並把它做得更好。

　　與此相反，在此所傳達的思想的**真理性**在我看來是無庸置疑的、確定的。因此，我認為，本質上說來，我已經最終解決了諸問題。如果我在此沒有弄錯的話，那麼這部著作的第2個價值就在於：它表明了，當這些問題獲得了解決時，我們由此所完成的事情是何其的少。

　　　　　　　　　　　　　　　　　　路德維希・維根斯坦
　　　　　　　　　　　　　　　　　　　　維也納，1918年

1.

世界是所有實際情況

*

評論：如此等等。

的強調。命題 n.1、n.2、n.3 等等是對命題 n 的評論：命題 n.m1、n.m2 等等是對命題 n.m 的

作為諸單個命題的序號的小數表明了這些命題的邏輯分量，表明了在我的闡述中它們所得到

1.1　　世界是事實而非物的總和。

1.11　　世界是由事實決定的，而且是由它們是**全部**事實
　　　　這點決定的。

1.12　　因為事實的總和既決定了實際情況，也決定了所
　　　　有非實際情況。

1.13　　邏輯空間中的事實是世界。

1.2　　世界分化成諸事實。

1.21　　一個項目可以是或不是實際情況，而所有其他的
　　　　項目均保持不變。

2.

實際情況，事實，是諸基本事態的存在

2.01	基本事態是諸對象（物件、物）的結合。
2.011	能成為基本事態的構成成分，這一點對於物來說具有本質的意義。
2.012	在邏輯中不存在任何偶然的東西：一個物，如果它**能**出現在一個基本事態之中，那麼該基本事態的可能性便已經被預先斷定在該物之中了。
2.0121	如下之點看起來好像是偶然的：一個物，本來可以獨自存在，後來竟然有一個基本事態適合於它。如果諸物能出現在諸基本事態之中，那麼這一點便已經包含於它們之中了。

（合乎邏輯的東西不可能是僅僅一可能的。邏輯處理每一種可能性，所有可能性都是它的事實[1]。）

正如我們根本不能在空間之外設想空間對象，在時間之外設想時間對象一樣，我們也**不能**在其與其他的對象的結合的可能性之外設想**任何**對象。

如果我能在一個基本事態的連結之中設想一個對象，那麼我就不能在這種連結的**可能性**之外設想它。

1　這裡所謂「事實」（Tatsachen）當不同於作為世界的構成部分的事實。因為按照維根斯坦的觀點，邏輯與這樣的事實無關。實際上，這裡的「事實」的意義與「內容」、「對象」、「主題」等等無甚區別。

2.0122　在其可以出現於所有**可能的**事態之中這種意義
　　　　上，一個物是獨立的。但是，這種形式的獨立性
　　　　是與基本事態的關聯的一種形式，是一種非獨立
　　　　性。（語詞不能以兩種不同的形式出現：一是獨
　　　　自出現，一是在命題中出現。）

2.0123　如果我知道了一個對象，那麼我也知道了其在諸
　　　　基本事態中出現的所有可能性。
　　　　（每一種這樣的可能性必然已經包含於該對象的
　　　　本性之中。）
　　　　不可能事後會發現一種新的可能性。

2.01231　為了知道一個對象，我雖然不必知道其外在性
　　　　質——但是我必須知道其所有內在性質。

2.0124　給出了所有對象，由此也就給出了所有**可能的**基
　　　　本事態。

2.013　每一個物可以說都處於一個由諸可能的基本事態構
　　　　成的空間之中。我可以設想這個空間是空的，但
　　　　是，在沒有該空間的情況下，我無法設想該物。

2.0131　空間對象必須位於無窮的空間之中。（每一個空
　　　　間點都是一個主題位置。）
　　　　視野中的一個斑點儘管不一定是紅色的，但是它
　　　　必須具有某種顏色：可以說，有一種顏色空間環
　　　　繞著它。一個音調必須具有**某種**音高，一個觸覺
　　　　對象必須具有**某種**硬度等等。

2.014　對象包含了所有事態的可能性。

2.0141　一個對象在諸基本事態中出現的那種可能性是其形式。

2.02　對象是簡單的。

2.0201　每一個關於某些複合物的陳述都可以分解為一個關於其構成成分的陳述和那些完全地描述了這些複合物的陳述。

2.021　諸對象構成了世界的實體。正因如此，它們不能是複合而成的。

2.0211　如果世界沒有實體，那麼任何一個命題是否有意義就要取決於某個其他命題是否是真的。

2.0212　這時，我們就不能（以真或假的方式）勾畫關於世界的圖像了。

2.022　顯然，一個設想出來的世界，無論它被設想得與實際的世界有多麼大的不同，它都必然與其具有某種共同的東西。這種共同的東西就是它們的形式。

2.023　這個穩定的形式恰恰是由對象構成的。

2.0231　世界的實體只**能**決定一種形式，而不能決定任何實質性質。因為後者只有透過命題才被表現出來——只有透過對象的配置才被構建出來。

2.0232　大體說來：對象是沒有顏色的。

2.0233　具有相同的邏輯形式的兩個對象彼此間的區別僅僅在於：它們是不同的（這裡我們不考慮它們的外在性質）。

2.02331 或者一個物具有所有其他物都不具有的性質，這時人們能立即透過一個描述而將其與其他的物區別開來，並且指向它；或者相反，許多物共同具有它們的所有的性質，這時根本就不可能指出它們中的一個。

因為，如果一個物沒有藉以將自身與其他的物區別開來的性質，那麼我不能將它和它們區別開，因為，否則它就已經與它們區別開來了。

2.024 實體是獨立於實際情況而存在的東西。

2.025 它是形式和內容。

2.0251 空間、時間和顏色（有色性）是對象的諸形式。

2.026 只有當存在著對象時，才能存在著一種穩定的世界形式。

2.027 穩定的東西、持續存在的東西和對象是同一種東西。

2.0271 對象是穩定的東西，持續存在的東西；而配置則是變動的東西，非持久的東西。

2.0272 諸對象的配置構成基本事態。

2.03 在基本事態中諸對象有如一條鍊子的諸環節一樣彼此套在一起。

2.031 在基本事態中諸對象彼此以確定的方式互相關聯。

2.032 諸對象在基本事態中關聯在一起的那種方式是基本事態的結構。

2.033 形式是結構的可能性。

2.034	事實的結構是由諸基本事實的諸結構構成的。
2.04	諸存在著的基本事態的總和是世界。
2.05	諸存在著的基本事態的總和也決定了哪些基本事態不存在。
2.06	諸基本事態的存在和不存在是實際。
	（我們也稱諸基本事態的存在爲一肯定事實，其不存在爲一否定事實。）
2.061	諸基本事態彼此獨立。
2.062	從一個基本事態的存在或者不存在不能推斷出另一個基本事態的存在或者不存在。
2.063	全部的實際是世界。
2.1	我們爲自己繪製事實的圖像。[2]
2.11	圖像呈現邏輯空間中的事態，呈現諸基本事態的存在和不存在。
2.12	一幅圖像是實際的一個模型。
2.13	在一幅圖像中與諸對象相對應的是它的諸元素。
2.131	一幅圖像的諸元素在該圖像中代表諸對象。
2.14	一幅圖像之爲圖像，在於其元素以特定的方式互相關聯。
2.141	一幅圖像是一個事實。

---

[2] 在恩格爾曼和格木登本中2.1原爲：「我們在圖像中把握事實。」（Die Tatsachen begreifen wir in Bildern.）後修改成現在的形式。

2.15 一幅圖像的諸元素以特定的方式互相關聯，這點呈現了諸對象也是以這樣的方式互相關聯的。

我們稱該圖像的諸元素的這種關聯爲其結構，稱該結構的可能性爲其描畫形式。

2.151 【一幅圖像的】描畫形式是諸物與該圖像的諸元素那樣互相關聯的可能性。

2.1511 一幅圖像**以這樣的方式**便與實際連接在一起了；它抵達它。

2.1512 它像一把尺一樣被置於實際之上。

2.15121 只有諸刻度線上的最外端的點才**接觸到**所要測量的對象。

2.1513 因此，按照這種理解，使一幅圖像成爲圖像的東西，即描畫關係，也是屬於該圖像的。

2.1514 描畫關係是由一幅圖像的諸元素與諸對象之間的配合構成的。

2.1515 這些配合可以說就是圖像元素的觸角，藉助於它們，圖像與實際發生接觸。

2.16 一個事實，爲了成爲圖像，必須與所描畫的東西具有某種共同的東西。

2.161 在一幅圖像和其所描畫的東西之間必須存在著某種相同的東西，藉此，一個才能成爲另一個的圖像。

2.17 一幅圖像爲了能夠以它特有的方式 —— 正確地或錯誤地 —— 描畫實際而必須與之共同具有的東西是它的描畫形式。

2.171   一幅圖像可以描畫其形式爲它所具有的任何實際。
         空間圖像可以描畫一切占據空間的東西，有顏色
         的圖像可以描畫一切有顏色的東西等等。

2.172   但是，一幅圖像不能描畫它的描畫形式；它展
         示它。

2.173   一幅圖像是從外部表現其對象的（它的立足點是
         它的表現形式），因此，它或者是正確地或者是
         錯誤地表現其對象的。

2.174   但是，一幅圖像不能將自己置於自己的表現形式
         之外。

2.18   每一幅圖像，無論它具有什麼樣的形式，爲了能
         夠以任何一種方式 —— 正確地或者錯誤地 —— 描
         畫實際而必須與之共同具有的東西是邏輯形式，
         這就是實際的形式。

2.181   如果一幅圖像的描畫形式就是邏輯形式，那麼這
         幅圖像便被稱爲邏輯圖像。

2.182   每一幅圖像**同時也**是一幅邏輯圖像。（與此相
         反，並非每一幅圖像都是比如空間圖像。）

2.19   邏輯圖像可以描畫世界。

2.2   一幅圖像和它所描畫的東西共同具有邏輯的描畫
         形式。

2.201   一幅圖像透過表現諸基本事態的存在和不存在的
         一種可能性來描畫實際。

2.202   一幅圖像表現邏輯空間中的一個可能事態。

2.203　一幅圖像包含著它所表現的事態的可能性。

2.21　一幅圖像與實際或者是一致的，或者是不一致
　　　的；它或者是正確的，或者是不正確的，或者是
　　　眞的，或者是假的。

2.22　一幅圖像經由描畫形式表現它所表現的東西 ——
　　　它是以獨立於它的眞或假的方式做到這點的。

2.221　一幅圖像所表現的東西是其意義。

2.222　它之為眞的或者假的，這點取決於它的意義與實
　　　際是一致的還是不一致的。

2.223　為了認出一幅圖像是眞的還是假的，我們必須將
　　　其與實際加以比較。

2.224　僅僅從一幅圖像本身我們無法認出它是眞的還是
　　　假的。

2.225　不存在先天眞的圖像。

事實的邏輯圖像是思想

3.001 「一個基本事態是可以思維的」意味著：我們可以爲我們自己繪製一幅關於它的圖像。

3.01   真的思想的總和是世界的一幅圖像。

3.02   思想包含著它所思維的事態的可能性。可以思維的東西，也是可能的。

3.03   我們不能思維任何不合邏輯的事項，因爲，否則我們就必須不合邏輯地思維。

3.031 人們從前說，上帝能創造任何東西，唯獨不能創造任何違反邏輯規律的東西。── 因爲我們不能**說出**一個「不合邏輯的」世界看起來會是什麼樣子的。

3.032 正如人們不能在幾何學中透過其座標來表現一個與空間規律相矛盾的圖形，或者給出一個不存在的點的座標一樣，人們也不能在語言中表現「與邏輯相矛盾的」東西。

3.0321 儘管我們能夠以空間的形式表現一個違反物理學規律的基本事態，但卻不能以這樣的形式表現任何一個違反幾何學規律的基本事態。

3.04   一個先天正確的思想是這樣的，它是可能的就決定了它是真的。

3.05   只有在如下條件下我們才能先天地知道一個思想是真的：從它本身（在沒有比較對象的情況下）即可認定它是真的。

3.1   在命題中思想以感官可以知覺的方式得到了表達。

3.11　　我們使用感官可以知覺的命題符號（聲音或書寫符號）作爲可能事態的投影。

投影的方法是對命題—意義進行思維。

3.12　　我將我們藉以表達思想的符號稱爲命題符號。命題是與世界有著投影關係的命題符號。

3.13　　屬於投影的一切東西都屬於命題；但是，被投影的東西不屬於命題。

因此，被投影的東西的可能性屬於命題，但是被投影的東西本身並不屬於它。

因此，一個命題並沒有包含它的意義，但是的確包含了表達它的可能性。

（「命題的內容」意即有意義的命題的內容。）

一個命題包含了它的意義的形式，但並沒有包含著它的內容。

3.14　　一個命題符號之爲命題符號，在於在它之內它的諸元素，即諸語詞，是以特定的方式互相關聯的。

一個命題符號是一個事實。

3.141　　一個命題絕對不是語詞的混合物[1]。——（正如一

1　「語詞的混合物」德文爲「Wörtergemisch」。奧格登英譯本最初將其譯作「medley of words」。關於這種譯法，維根斯坦評論道：

我建議用「mixture」（混合物）取代「medley」（大雜燴）。這個命題的意思是：命題不是在畫家所使用的一種顏色由不同的色彩構成**這種**意義上由諸語詞構成。亦即，命題並不是在一種顏色可能是其他顏色的混合物這種意義上是諸語詞的混合物。主要的強調之點並非

個音樂主題絕對不是聲音的混合物一樣。）

命題是分節的。[2]

3.142　只有事實才能表達一個意義，一個由名稱組成的類是不能表達它的。

3.143　人們在書寫和印刷時所習慣於使用的那種表達形式掩蓋了一個命題符號是一個事實這一重要之點。因為比如在一個印刷出來的命題中一個命題符號看起來與一個語詞並沒有什麼本質的區別。

（正因如此，弗雷格才能夠將一個命題說成是一

在於這點：命題**不是**諸語詞的亂七八糟的無序的結合，而僅僅在於如下之點：命題根本就不是任何**混合物**，而是一種**結構**（*Letters to C. K. Ogden*, with Comments on the English Translation of the *Tractatus Logico-Philosophicus*, ed. G. H. von Wright, Oxford: Blackwell / London: Routledge, 1973, p.24）。

2　「分節的」德文為「artikuliert」。這句話重複出現於評論3.251之中。在《戰時筆記》（商務印書館，2013年，§§382, 635, 657）及其後期著作（特別是《哲學語法》〔商務印書館，2012年〕§§57, 216, 387）中，維根斯坦也多處使用了這個詞及其複合形式。在《〈邏輯哲學論〉研究》（2000和2007年版）和《維根斯坦〈哲學研究〉解讀》（2010年版）中，我曾經將這個詞譯作「由諸部分連結而成的」、「明確地表達其意義的」、「關節連結而成的」。現在我決定採用這個更為簡潔的譯法。關於這個詞的英譯，維根斯坦曾經向奧格登做出過以下解釋：「……我是在這樣的意義上使用『artikuliert』這個詞的，在這種意義上人們可以說一個人說話口齒清楚（a man speaks articulate），亦即，他清晰地發出諸語詞的音。」（*Letters to C. K. Ogden*, p. 24）我認為，維根斯坦的這種解釋不太妥當，與此處的上下文以及其他地方的上下文均不甚吻合。

個複合的名稱[3]）。

3.1431 如果我們將一個命題符號設想成是由空間對象（比如桌子、椅子、書本）而不是由書寫符號複合而成的，那麼它的這種本質便非常清楚了。

這時，這些物彼此的空間位置表達了該命題的意義。

3.1432 不是：「複雜符號『aRb』說出 a 與 b 處於關係 R 之中」，而是：「a」與「b」處於某種關係之中**這個事實**說出 aRb **這個事實**。

3.144 人們能描述事態，但不能**命名**它們。

（名稱如點，命題如箭，它們有指向[4]。）

3.2 在一個命題中一個思想可以以這樣的方式得到表達：該命題的諸元素對應於該思想的諸對象。

3.201 我稱這些元素為「簡單符號」，稱這個命題為「完全分析了的」命題。

3.202 在一個命題中被應用的簡單符號叫作名稱。

3.203 名稱指稱對象。對象是其所指。（「A」與「A」是相同的符號。）

3　參見 G. Frege, *Nachgelassene Schriften*, hrsg. von H. Hermes, F. Kambartel und F. Kaulbach, Zweite, revidierte Auflage, Hamburg: Felix Meiner, 1969, S. 211。

4　「指向」德文為「Sinn」。維根斯坦通常是在「意義」這個意義上使用這個詞的。相應的英文詞「sense」除了具有「意義」這個意義之外，還有「指向」或「方向」的意思（在數學和物理學中）。在此，維根斯坦當是在這兩種意義上使用這個詞的。

3.21　　　一個事態中的諸對象的配置對應著一個命題符號
　　　　　　中的諸簡單符號的配置。

3.22　　　名稱在命題中代表對象。

3.221　　我只能**命名**對象。符號代表它們。我只能談**論**它
　　　　　　們，**我不能言說它們**。一個命題只能說一個物是
　　　　　　如何的，而不能說它是**什麼**。

3.23　　　對簡單符號的可能性的要求就是對意義的確定性
　　　　　　的要求。

3.24　　　一個關於某個複合物的命題與那個關於該複合物
　　　　　　的構成成分的命題處於內在的關係之中。

　　　　　　該複合物只能透過對它的描述才能給出，而這個
　　　　　　描述將或者是對的，或者是不對的。一個談論某
　　　　　　個複合物的命題，當這個複合物不存在的時候，
　　　　　　並不因此就成為沒有任何意義的了[5]，而只是成為
　　　　　　假的。

　　　　　　一個命題成分表示的是一個複合物，這點人們可
　　　　　　以從包含著它的那些命題的某種不確定性中看出

---

[5]　「沒有任何意義」德文為「unsinnig」，相應的名詞形式為
　　　「Unsinn」（胡說）。在維根斯坦看來，企圖言說（絕對）不可
　　　言說的東西的任何企圖均導致沒有任何意義的似是而非的命題
　　　（Scheinsatz），即胡說。邏輯命題不同於這樣的似是而非的命題，
　　　它們只是 sinnlos。在拙作《〈邏輯哲學論〉研究》（北京：商務印
　　　書館，2007年版）中，我將「sinnlos」譯作「沒有意義」。在本譯本
　　　中，我決定將其改譯作「空洞的」（在相關語境中），以便更為明確
　　　地表達出邏輯命題與似是而非的命題之間的區別。

來。我們**知道**，經由這個命題並非一切都已經得到了確定。（一般性符號的確**包含**一個初像。）

我們可以藉助於一個定義來表達一個複合物的記號向一個簡單記號的歸併。

3.25　對於每一個命題而言，有一種而且只有一種關於它的完全的分析。

3.251　一個命題是以確定的、可以清楚地陳述出的方式表達其所表達的東西的：命題是分節的。

3.26　一個名稱是不能透過任何定義而進一步加以剖析的：它是一種初始符號。

3.261　每個被定義的符號都是**經由**用以定義它的那些符號才有所表示的；這些定義指出了一條路徑。

這樣的兩個符號 —— 一個是初始符號，一個是經由初始符號而定義的符號 —— 是不能以同樣的方式進行表示的。人們不**能**經由定義將名稱加以分拆。（自己獨立具有所指的任何符號都不能經由定義加以分拆。）

3.262　在符號中沒有得到表達的東西，它們的應用將其顯現出來。符號所省略的東西，它們的應用將其說出來。

3.263　諸初始符號的所指可以經由說明得到解釋。所謂說明是指包含著這些初始符號的命題。因此，只有在我們已經知道了這些符號的所指的情況下，我們才能理解這些說明。

3.3　　　　只有命題才有意義；只有在一個命題的關聯中一
　　　　　　個名稱才有所指。

3.31　　　我稱一個命題中所有那些刻畫了其意義的特徵的
　　　　　　部分為運算式（記號）。

　　　　　　（該命題自身也是一個運算式。）

　　　　　　運算式是所有這樣的東西，它們對於一個命題的
　　　　　　意義來說具有本質的意義，諸命題可以彼此共同
　　　　　　具有它們。

　　　　　　一個運算式標示一個形式和一個內容。

3.311　　一個運算式假設了它所能出現於其中的所有命題
　　　　　　的形式。它是一類命題的共同的刻畫性特徵。

3.312　　因此，它是經由它所刻畫的諸命題的一般形式來
　　　　　　表示的。

　　　　　　而且，在這個形式中，這個運算式是**穩定的**，而
　　　　　　所有其他的成分都是**變動的**。

3.313　　因此，一個運算式是經由一個變項來表示的，包
　　　　　　含著該運算式的諸命題是這個變項的值。

　　　　　　（在極限情形下，這個變項成為常數，該運算式
　　　　　　成為一個命題。）

　　　　　　我稱一個這樣的變項為「命題變項」。

3.314　　只有在一個命題中一個運算式才有所指。每一個
　　　　　　變項都可以理解為命題變項。

　　　　　　（即使變動的名稱也不例外。）

3.315　如果我們將一個命題中的一個成分轉變成變項，那麼就存在一個由這樣的命題構成的集合，它們是由此產生的那個變動的命題的所有的值。這個集合一般說來還依賴著如下事實：我們按照任意的約定用該命題的諸部分意指什麼東西。但是，如果我們將所有那些其所指由我們任意加以規定的符號都轉變成變項，這時總是還存在著這樣的一個集合。不過，這時這個集合不再取決於任何約定，而僅僅還取決於該命題的本性。它對應著一種邏輯形式——一種邏輯初像。

3.316　一個命題變項應取什麼樣的值，這一點是確定好了的。

對於這些值的確定**就是**該變項。

3.317　確定一個命題變項的值就是**給出這樣的命題**，它們的共同的特徵是該變項。

這種確定是對這些命題的一種描述。

因此，這種確定涉及的只是記號，而非其所指。

對於這樣的確定來說，具有本質意義的只是：**它們僅僅是對於諸記號的一種描述，並沒有就所表示的東西而有所斷言。**

至於對諸命題的描述是如何進行的，這點不具有本質的意義。

3.318　和弗雷格和羅素一樣，我將一個命題看作包含於它之內的諸運算式的函數。

3.32　　符號是記號中感官可以知覺到的東西。

3.321　　因此，兩個不同的記號可以彼此共同具有一個符號（書寫符號或者聲音符號）—— 這時，它們是以不同的方式進行表示的。

3.322　　如果我們使用同一個符號，但卻經由兩種不同的**表示方式**來表示兩個對象，那麼這點絕對沒有指示出這兩個對象的共同的特徵。因為該符號當然是任意的。因此，人們也可以選擇兩個不同的符號。這時，還留有上述表示中的那種共同之處嗎？

3.323　　在口語中，這樣的情況是極為常見的現象：同一個語詞以不同的方式進行表示 —— 因此屬於不同的記號 ——，或者，本來是以不同的方式進行表示的兩個語詞在一個命題中被以表面上看來相同的方式加以運用。

因此，「ist」（是）既以繫詞的形式出現，又以同一性符號的形式出現，此外，還被用來表達存在（Existenz）；「存在」（existieren）像「走」一樣以不及物動詞的形式出現；「同一的」（identisch）以形容詞的形式出現；我們談論**某個事物**，但也談論**某個事物**發生了[6]。

（在「Grün ist grün」〔格林是不成熟的〕——

6　這句話德文原文為：「Wir reden von *Etwas*, aber auch davon, daβ *etwas* geschieht.」。

這裡，第一個詞是一個人名，最後一個詞是一個形容詞——這個命題中，這兩個詞不僅所指不一樣，它們就是**不同的記號**。）

3.324 由此，很容易產生最為基本的混淆（整個哲學充滿著這樣的混淆）。

3.325 為了避免這些錯誤，我們必須運用這樣一種符號語言，它透過以下方式而使它們的發生成為不可能：它不在不同的記號中運用相同的符號，不以表面上看相同的方式運用以不同的方式進行表示的諸符號。因此，亦即運用一種遵循**邏輯**語法——邏輯句法——的符號語言。

（弗雷格和羅素的概念文字就是這樣一種語言。當然，它還是未能避免所有錯誤。）

3.326 為了從一個符號認出一個記號，人們就必須注意有意義的使用。

3.327 一個符號只有與其邏輯—句法的運用一起才決定一個邏輯形式。

3.328 如果一個符號**沒有被使用**，那麼它就沒有所指。這就是奧卡姆箴言的意義。

（如果從所有事物的情況來看一個符號都好像有所指，那麼它就有所指。）

3.33 在邏輯句法中，符號的所指不能具有任何作用；它必須在沒有提到任何符號的**所指**的情況下就可以建立起來，它**只**應假設了關於運算式的描述。

3.331　根據這個評論我們來看一下羅素的「類型論」：
羅素的錯誤在於他在建立符號規則時必須提及符
號的所指。

3.332　任何命題都不能就其自身有所斷言，因為一個命
題符號不能包含在自身之內（這就是「類型論」
的全部內容）。

3.333　一個函數不能是它自己的主題，因為一個函數符號
已經包含了它的主題的初像，它不能包含自身。
因為假定函數 F(fx)可以是它自己的主題；這時，
便有這樣一個命題：「F(F(fx))」，在這個命題
中，外層的函數 F 與內層的函數 F 必具有不同的
所指，因為內層的 F 具有 φ(fx) 的形式，而外層的
F 具有 Ψ(φ(fx)) 的形式。這兩個函數所共同具有的
東西只是字母「F」，但這個字母單獨來看是不能
表示任何東西的。

如果我們不寫「F(Fu)」，而寫「(∃φ): F(φu). φu =
Fu」^{7}，那麼這點便立即變得清楚明白了。

由此羅素悖論便自行消解了。

3.334　在人們僅僅知道每一個符號是以什麼樣的方式進
行表示的情況下，邏輯句法的規則必須是不言而
喻的。

7　像羅素一樣，維根斯坦用點「.」表示邏輯連接詞「並且」，通常的表
示形式為「&」或者「∧」。另外，也與羅素一樣，維根斯坦還用句
點來表明連接詞或量詞的轄域。

3.34　　　一個命題具有本質的特徵和偶然的特徵。

源自於一個命題符號的那種特殊的產生方式的諸特徵是偶然的。一個命題的本質特徵是它所具有的這樣的特徵，只有藉助於它們，它才能夠表達它的意義。

3.341　　因此，一個命題中的本質性的東西是能夠表達相同的意義的所有命題所共同具有的東西。

同樣，一般說來，一個記號中的本質性的東西是能夠滿足相同的目的的所有記號所共同具有的東西。

3.3411　因此，人們可以說：一個真正的名稱是表示一個對象的所有記號所共同具有的東西。對於名稱而言，所有種類的複合性都將被一一證明是非本質性的。

3.342　　在我們的符號系統中，儘管有一些東西是任意的，但是**如下之點**並不是任意的：**如果**我們任意地決定了某種東西，那麼某種其他的東西就必然發生。（這點取決於符號系統的**本質**。）

3.3421　一種特殊的表示方式或許是不重要的，但它是一種**可能的**表示方式這點始終是重要的。一般說來，哲學中的情況就完全是這樣的：個例總是被證明是不甚重要的，但每一個個例的可能性卻為我們提供了有關世界本質的某種資訊。

3.343　　定義是從一個語言到另一個語言的**翻譯規則**。每一個正確的符號語言都必須可以按照這樣的規則

翻譯爲另一個正確的符號語言：**這**就是它們都共同具有的東西。

3.344 在一個記號中進行表示的東西是所有這樣的記號中的共同的東西，按照邏輯句法規則它們可以代替它。

3.3441 人們可以這樣來表達比如所有眞值函數記號系統的共同之處：它們的共同點是，它們都**可以被**比如使用「～p」（「並非 p」）和「p∨q」（「或者 p，或者 q」）的符號系統**所代替**。

（藉此我們便說明了，一個可能的特殊的記號系統如何能夠給我們提供一些一般性的訊息。）

3.3442 一個複合物的符號在分析的過程中也不是這樣被隨意加以解析的，以至於比如它在每一個命題結構中的解析式與在另一個命題結構中的解析式都不一樣。

3.4 一個命題確定了邏輯空間中的一個位置。僅僅命題諸構成成分的存在，有意義的命題的存在便確保了該邏輯位置的存在。

3.41 命題符號和邏輯座標：此即邏輯位置。

3.411 幾何位置和邏輯位置具有如下共同之處，即兩者都是某種存在的可能性。

3.42 儘管一個命題只能確定邏輯空間中的一個位置，但是經由它整個的邏輯空間的確必然已經給出來了。

（否則，經由否定、邏輯和、邏輯積等等，新的

成員便一再地被 —— 互相配合地 —— 引入進來
了。）

（圍繞著一幅圖像的那個邏輯腳架決定了邏輯空
間。一個命題掌控著整個邏輯空間。）

3.5　　　　被應用了的，被思維過的命題符號是思想。

4.

思想是有意義的命題

4.001　　命題的總和是語言。

4.002　　人們具有構造這樣的語言的能力，藉助於它們他
　　　　　們能夠表達每一種意義，而且是在這樣的情況下
　　　　　做到這點的：他們根本不知道每一個語詞是如何
　　　　　進行指稱的並且它們究竟是指稱什麼的。——正
　　　　　如人們在說話時並不知道個別的音是如何發出來
　　　　　的一樣。
　　　　　口語是人類機體中的一個部分，和它同樣複雜。
　　　　　對於我們人類來說，欲從它直接獲知語言的邏輯
　　　　　是不可能的。
　　　　　語言給思想穿上了衣服。而且是以如此的方式做
　　　　　到這點的：從這件衣服的外表形式人們不能推斷
　　　　　出它所遮蓋的思想的形式；因為這件衣服的外表
　　　　　形式是按照完全不同的目的製作的，而並不是為
　　　　　了讓人們看清這個身體的形式。
　　　　　幫助人們理解口語的那些未明言的約定是極度複
　　　　　雜的。

4.003　　人們關於哲學事項所寫出的大部分命題和問題並
　　　　　不是假的，而是沒有任何意義的。因而，我們根
　　　　　本就不能回答這類問題，而只能確定它們的毫無
　　　　　意義的性質。哲學家們的大部分問題和命題都是
　　　　　因我們不理解我們的語言的邏輯而引起的。
　　　　　（它們和如下問題是同屬一類的：善與美相比是
　　　　　在更大程度上同一的，還是在更小程度上同一

的。）

如下事實並不令人吃驚：最深刻的問題真正說來**根本不是**問題。

4.0031　一切哲學都是「語言批判」（當然不是在毛特納意義上的「語言批判」[1]）。羅素的功績在於指出了，一個命題的表面上的邏輯形式不一定就是其真正的邏輯形式。

4.01　命題是實際的圖像。

命題是我們所思維的實際的模型。

4.011　初看起來，命題——比如像它們印在紙上的那個樣子——似乎並不是它們所關涉到的實際的圖像。但是，初看起來，樂譜也不是樂曲的圖像，我們的音標（拼音）文字也不是我們的口語的圖像。然而，這些符號語言還是被證明是它們所表現的東西的圖像——即使在這個詞的通常的意義上說也是如此。

4.012　顯然，我們感覺到「aRb」形式的命題是圖像。在這裡，符號顯然是其所表示的東西的畫像。

4.013　如果我們深入到這種圖像性質的本質之處，那麼我們就會看到，這種性質並**沒有**受到**表面上的不**

1　參見 Fritz Mauthner, *Beiträge zu einer Kritik der Sprache*, Erster Band, Zur Sprache und Psychologie, Dritte, um Zusätze vermehrte Auflage, Leipzig: Felix Meiner, 1923, S. 704-705。

規則性（如在樂譜中對#和♭的運用）的干擾。[2]
因為即使這些不規則性也是描畫它們所應當表達
的東西的；只是以不同的方式做到這點的而已。

4.014　唱片、樂思、樂譜、聲波，它們彼此都處於這樣一
種內在的描畫關係中，它存在於語言和世界之間。
它們都共同具有一種邏輯結構。

（正如一個童話故事中的那兩個少年，他們的兩
匹小馬以及他們的百合花一樣。從某種意義上
說，它們都是一個東西。[3]）

4.0141　存在著這樣一條普遍的規則，藉助於它音樂家能
從總譜中取出交響樂，人們能從唱片上的紋道中
推導出交響樂，還是藉助於它人們可以從唱片的
紋道中又將那個總譜推導出來。這些表面上看來
如此完全不同的構成物之間的內在相似性恰恰就
存在於此。這條規則是將交響樂投影到樂譜語言
中的投影規律。它是一條從樂譜語言到唱片語言
的翻譯規則。

4.015　所有畫像[4]的可能性，我們的表達方式的全部的圖

2　「#」和「♭」分別是樂譜中表示升音和降音的符號。

3　所提及的童話故事當是《格林童話》（*Grimms Märchen*）之「金娃
娃」（Die Goldkinder）。

4　「畫像」德文為「Gleichnis」。最初的英文翻譯為「likeness」。
維根斯坦建議用「simile」（比喻）（參見 *Letters to C. K. Ogden,
with Comments on the English Translation of the Tractatus Logico-*

像性質的可能性，都在於描畫的邏輯。

4.016　爲了理解命題的本質，我們考慮一下象形文字。象形文字是描畫它所描述的事實的。

拼音文字源自於象形文字，它並沒有喪失對於描畫而言具有本質意義的東西。

4.02　這點我們可以從如下事實中看出來：無需他人向我們解釋一個命題符號的意義，我們就理解它。

4.021　一個命題是實際的一幅圖像。因爲如果我理解了一個命題，我就知道了它所表現的事態。而且無需他人向我解釋一個命題的意義，我就理解它。

4.022　一個命題**顯示**它的意義。

一個命題**顯示**，**當**其爲**眞時**，情況是什麼樣的。

而且它**說這點**：情況是這樣的。

4.023　實際必然經由一個命題以是或否的方式確定下來了。

爲此，它必須經由它完全地加以描述了。

一個命題是對一個基本事態的**描述**。

正如一個描述是根據一個對象的外在性質而對其進行描述的一樣，一個命題是根據實際的內在性質而對其進行描述的。

一個命題藉助於一個邏輯腳架構造起了一個世

Philosophicus, ed. G. H. von Wright, Oxford: Blackwell/London: Routledge, 1973, p. 26.這個詞也出現於評論4.012和5.5563之中）。

界，正因如此，**如果**該命題是眞的，人們也能從它那裡看出一切邏輯事項的情況是什麼樣的。人們能從一個假命題**抽引出結論**。

4.024　理解一個命題就意味著知道當其爲眞時實際情況是什麼樣的。

（因此，人們可以在不知道它是否是眞的情況下理解它。）

如果人們理解了它的諸構成成分，人們便理解了它。

4.025　從一個語言到另一個語言的翻譯並不是這樣進行的：人們將一個語言中的每一個**命題**都翻譯爲另一個語言中的某個**命題**；相反，只是命題的諸構成成分被翻譯了。

（字典並非只是翻譯名詞，而且也翻譯動詞、形容詞、連接詞等等；它對它們是同等對待的。）

4.026　在簡單符號（語詞）的情況下，必須經由他人向我們解釋它們的所指，我們才能理解它們。

但是，在命題的情況下，我們使別人理解自己的意思。

4.027　一個命題能向我們傳達一個**新的**意義，這點構成了其本質的一個部分。

4.03　一個命題必須用已有的運算式傳達一個新的意義。

一個命題向我們傳達了一個事態，因此**從本質上說**它必須與該事態關聯在一起。

這種關聯恰恰就是：它是它的邏輯圖像。

一個命題，只有在其是一幅圖像時，才說出了一些東西。

4.031　可以說，在一個命題中，一個事態被試驗性地組建起來了。

人們可以不說：這個命題有某某意義，而直接說：這個命題表現了某某事態。

4.0311　一個名稱代表一物，另一個名稱代表另一物，並且它們被相互結合在一起，以這樣的方式這個整體便——像一幅生動的圖像一樣——呈現了這個基本事態。

4.0312　命題的可能性是建立在符號代表對象這個原則基礎之上的。

我的基本思想是：「邏輯常數」不代表什麼。——事實的**邏輯**是不可被代表的。

4.032　只有在一個命題被邏輯地區分成諸部分的情況下它才是一個事態的圖像。

（即使「Ambulo」這個命題也是複合性的，因為當它的詞幹與一個不同的詞尾結合在一起的時候便會產生一個不同的意義，而當它的詞尾與一個不同的詞幹結合在一起的時候也會產生一個不同的意義。）[5]

---

[5]　「Ambulo」為拉丁文，意為「我走路」、「我散步」等。其變體

4.04 在一個命題中必須能夠區分出和在它所表現的事態中恰好同樣多的部分。

二者必須具有相同的邏輯（數學）多樣性（比較赫茲《力學》中關於動力學模型的論述[6]）。

4.041 自然，人們無法將這樣的數學多樣性本身再描畫出來。在進行描畫的時候人們不能游離於它之外。

4.0411 例如：想透過在「fx」前面放置一個標號的方式——比如這樣：「Alg. Fx」[7]——來表達我們透過「(x). fx」所表達的東西是不適當的——在這種情況下我們不知道究竟什麼東西被一般化了。想透過「a」這樣一個符號——比如以這樣的方式：「f(x_a)」——來表明它也是不適當的——在這種情況下我們不知道該一般性符號的轄域。

試圖透過在主題位置引入一個識別字的方式——比如這樣：

$$\lceil (A, A). F(A, A) \rfloor$$

——做到這點是不適當的——在這種情況下我們

「Ambulas」和「Ambulat」的意思則分別為：「你走路（散步）」和「他走路（散步）」。這說明，「Ambulo」等和其他命題一樣，實際上也是複合的，而非簡單的。

6　參見 Heinrich Hertz, *Die Prinzipien der Mechanik in neuem Zusammenhange dargestellt*, Leipzig: Barth, 1894, S. 197。

7　「Alg.」為「Allgemeinheit」（一般性）的縮寫。下文的「a」和「A」當為該詞的首字母。

不能確定諸變項的身分。如此等等。

所有這些表示方式之所以都不適當，是因爲它們都沒有必要的數學多樣性。

4.0412　由於同樣的原因，唯心論藉助於「空間眼鏡」而對看見空間關係這個事情所做出的解釋是不適當的，因爲它不能解釋這些關係所具有的多樣性。

4.05　實際被與命題加以比較。

4.06　只是經由如下方式一個命題才能夠是眞的或者假的，即它是實際的一幅圖像。

4.061　如果人們沒有注意到一個命題具有一個獨立於事實的意義這個事實，那麼人們就容易相信：眞和假是符號與所表示的東西之間的具有同等權利的關係。

這時，人們就會說比如「p」以眞的方式表示「～p」以假的方式所表示的東西等等。

4.062　難道人們不能用假命題來表達自己的意思嗎，正如迄今爲止人們用眞命題所做的那樣？── 這時，人們只需知道它們是被意指爲假的。不能！因爲對於一個命題而言，如果情況像我們藉助於它所說的那樣，那麼它便是眞的；如果我們用「p」來意指「～p」，而且情況像我們所認爲的那樣，那麼在這種新的理解之下「p」就是眞的，而並非是假的。

4.0621　但是，「p」和「～p」這兩個符號**能**說出相同的
東西，這點是非常重要的。因為它表明了：在實
際中並沒有與「～」這個符號相對應的東西。

在一個命題中包含有否定，這點還不是它的意義
的標誌（～～p ＝ p）。

儘管「p」和「～p」這兩個命題具有相反的意
義[8]，但是與它們相對應的卻是同一個實際。

4.063　一幅用以解釋真概念的圖像：一張白紙上的一個
黑色的斑點；人們可以透過說出這個平面上的每
一個點是白色的還是黑色的方式來描寫這個斑點
的形狀。與一個點是黑色的這個事實相對應的是
一個肯定事實，與一個點是白色的（不是黑色
的）這個事實相對應的是一個否定事實。如果我
【用一個符號】表示了這個平面上的一個點（一
個弗雷格意義上的真值），那麼這個點便相應於
一個擺出來以供斷定的假定[9]等等，等等。

但是，為了能夠說一個點是黑色的還是白色的，
我必須事先已經知道了人們在什麼樣的情況下將

8　「相反的意義」德文為「entgegengesetzten Sinn」。請注意：
「Sinn」在此也具有指向或方向的意義（參見3.144和5.2341）。

9　「假定」德文為「Annahme」。關於弗雷格的相關思想，請參見 G.
Frege, *Kleine Schriften*, hrsg. von Ignacio Angelelli, Zweite Auflage,
Hildesheim: Georg Olms, 1990, S. 136-137, 346-347。在《哲學研究》
§22中，維根斯坦對弗雷格的相關思想做出了進一步的批評。

一個點稱作黑色的，在什麼樣的情況下將一個點稱作白色的；為了能夠說：「p」是真的（或者假的），我必須已經確定了在什麼樣的情況下我將「p」稱作真的，由此我便確定了該命題的意義。

在如下之點上這個比喻是不適當的：即使在不知道什麼是白色的和什麼是黑色的情況下，我們也能指向這張紙上的一個點；但是，卻沒有任何東西對應於一個沒有任何意義的命題，因為它並非表示了這樣一個物（真值），其性質叫作比方說「假」或者「真」；一個命題的動詞並非——如弗雷格所認為的那樣[10]——是「是真的」或者「是假的」，而是相反：「是真的」東西必然已經包含了該動詞。

4.064　每一個命題必然**已經**具有了一個意義；肯定不能將意義賦予給它，因為它所肯定的事實上恰恰是該意義。同樣的話也適用於否定等等。

4.0641　人們可以說：否定已經涉及被否定的命題所確定的邏輯位置。

一個否定著的命題確定了這樣一個邏輯位置，它**不同**於由那個被否定的命題所確定的那個邏輯位置。

一個否定著的命題藉助於被否定的命題的邏輯位

---

10 參見 G. Frege, *Nachgelassene Schriften*, hrsg. von H. Hermes, F. Kambartel und F. Kaulbach, Zweite, revidierte Auflage, Hamburg: Felix Meiner, 1969, S. 139-140; —— *Kleine Schriften*, S. 342-345。

置以如下方式確定了一個邏輯位置，它將後者描述爲是位於前者之外的。

人們能再次否定被否定的命題，這已經表明被否定的東西已經是一個命題，而不只是一個命題的預備材料。

4.1　　　　命題表現基本事態的存在和不存在。

4.11　　　眞命題的總和是全部的自然科學（或者，自然科學的總和）。

4.111　　哲學不是自然科學的一種。

（「哲學」這個詞所意謂的東西必然是位於自然科學之上或之下的某種東西，但並非是位於自然科學之側的東西。）

4.112　　哲學的目標是思想的邏輯澄清。

哲學不是任何理論，而是一種活動。

一部哲學著作本質上說來是由說明構成的。

哲學的結果不是「哲學命題」，而是命題的澄清。

哲學應該使思想變得清楚，應該清晰地畫出思想的界限，否則，它們可以說是混濁的、模糊的。

4.1121　與其他任何一種自然科學相比，心理學與哲學的關係並非更爲密切。

認識論是心理學哲學。

難道我對符號語言的研究不是對應著思維過程的研究嗎？哲學家們認爲，後者對於邏輯哲學來說具有本質性的意義。只不過，他們大多數時候糾

　　　　　纏於非本質性的心理學研究中。在我的方法中也
　　　　　存在著類似的危險。

4.1122　與自然科學的任何其他假說相比，達爾文理論與
　　　　　哲學的關係並非更爲密切。

4.113　哲學畫出自然科學的有爭議的領域。

4.114　它應該畫出可以思維的東西的界限，並藉此畫出
　　　　　不可以思維的東西的界限。
　　　　　它應該透過可以思維的東西從內部來畫出不可以
　　　　　思維的東西的界限。

4.115　它將透過清楚地表現出可以言說的東西的方式來
　　　　　暗示不可以言說的東西。

4.116　一切終究可以思維的東西都可以清楚地加以思維。
　　　　　一切可以言說的東西都可以清楚地加以言說。

4.12　命題可以表現全部的實際，但是它們不能表現它
　　　　　們爲了能夠表現實際而必須與實際共同具有的東
　　　　　西——邏輯形式。
　　　　　爲了能夠表現邏輯形式，我們必須能夠將我們自
　　　　　己和命題一起擺在邏輯之外，亦即世界之外。

4.121　命題不能表現邏輯形式，它映現自身於它們之中。
　　　　　語言不能表現映現自身於它之中的東西。
　　　　　我們不能透過語言來表達表達**自身**於它之中的
　　　　　東西。
　　　　　命題**顯示**實際的邏輯形式。
　　　　　它們展示它。

4.1211　因此，「fa」這個命題顯示對象 a 出現在它的意義
中，「fa」和「ga」這兩個命題顯示它們均談到了
相同的對象。

　　如果兩個命題彼此矛盾，則它們的結構就顯示了
這點；同樣，如果一個命題得自於另一個命題，
則它們的結構也顯示了這點。等等。

4.1212　**可**顯示的東西，不**可**說。

4.1213　現在我們也理解了我們的如下感受：一旦我們的
符號語言中的所有事項都得到了適當的處理，我
們便擁有了一個正確的邏輯觀。

4.122　在某種意義上，我們可以談論對象和基本事態的
形式性質，或者，事實的結構性質，而且在同樣
的意義上，也可以談論形式關係和諸結構之間的
關係。

　　（我也說「內在性質」，而不說結構性質；也說
「內在關係」，而不說諸結構之間的關係。

　　我之所以引入這些運算式，是爲了說明在哲學家
們之間流傳甚廣的這樣的混淆——將內在關係混
同於眞正的〔外在的〕關係——的根源。）

　　但是，這樣的內在性質和關係的存在是不能透過
命題來加以斷言的，而是顯示在表現那些基本事
態和處理那些對象的諸命題之中。

4.1221　我們也可以稱一個事實的一個內在性質爲該事實的
一個特徵（在我們談論比如面部特徵的意義上）。

4.123　一個性質是內在的，如果不可設想其對象不具有它。

（這種藍色和那種藍色當然處於一種較明亮和較暗淡的內在關係之中。不可設想**這**兩個對象不處於這樣的關係之中。）

（這裡，「對象」一詞的變幻不定的用法對應著「性質」和「關係」這些詞的變幻不定的用法。）

4.124　一個可能事態的一個內在性質的存在並非經由一個命題表達出來，而是經由表現它的那個命題的一個內在性質表達自身於該命題之中。

正如說一個形式性質不屬於一個命題這點是沒有任何意義的，說它屬於它同樣也是沒有任何意義的。

4.1241　人們不能透過說一個形式具有這個性質，另一個形式具有那個性質的方式來將它們彼此區分開；因為這樣的區分方式假設了將這兩個性質歸屬給這兩個形式這點是有意義的。

4.125　在兩個可能事態之間存在著一種內在關係，這點從語言上說是透過表現它們的命題之間的一種內在關係來表達自身的。

4.1251　在此，「所有的關係都是內在的，還是相反，所有的關係都是外在的？」這個有爭議的問題現在便自行消解了。

4.1252　我將按照**內在**關係排序的序列稱作形式序列。

數列不是按照一種外在關係，而是按照一種內在

關係排序的。

由如下命題所構成的序列也是這樣的：

　　「aRb」，

　　「(∃x): aRx . xRb」，

　　「(∃x, y): aRx . xRy . yRb」

　　等等。

（如果 b 與 a 處於這些關係之一之中，我便稱 b 為 a 的一個後繼。）

4.126　在我們談論形式性質這種意義上，我們現在也可以談論形式概念。

（我之所以引入這個運算式，是為了澄清貫穿於整個舊邏輯中的這樣的混淆——將形式概念混同於真正的概念——的根源。）

某種東西作為一個形式概念的對象而屬於它之下，這點是不能經由一個命題表達出來的。相反，它顯示自身於該對象的那個符號本身之中。

（一個名稱顯示它表示一個對象，一個數字符號顯示它表示一個數等等。）

當然不能像表現真正概念那樣透過一個函數來表現形式概念。

因為它們的標誌，形式性質，不是經由函數來加以表達的。

一個形式性質的運算式是某些記號的一個特徵。

因此，一個形式概念的諸標誌的符號是所有這樣

的記號的一個刻畫性特徵，它們的所指均屬於該概念。

因此，一個形式概念的運算式是這樣一個命題變項，在其中，只有這個刻畫性特徵是穩定的。

4.127　　一個命題變項表示一個形式概念，它的值則表示屬於這個概念之下的諸對象。

4.1271　　每一個變項都是一個形式概念的符號。

因為每一個變項都表現了它的所有值所具有的一個穩定的形式，而這個穩定的形式就可以看成是這些值的形式性質。

4.1272　　因此，變動的名稱「x」是**對象**這個似是而非的概念的真正的符號。

在「對象」（「物」，「物件」等等）這個詞得到了正確的使用的任何地方，在概念文字中它都是透過一個變動的名稱表達出來的。

例如：在「有兩個這樣的對象，它們……」這個命題中它得到了正確的使用，在概念文字中它是經由「(∃x, y)……」這樣的形式來表達的。

在它被以其他的方式 —— 因而作為真正的概念詞 —— 使用的任何地方，沒有任何意義的似是而非的命題便產生了。

因此，例如：人們不能像說比如「有書」那樣說「有對象」。同樣也不能說：「有100個對象」，

或者「有$\aleph_0$個對象」。[11]

談論**所有對象的數目**是沒有任何意義的。

同樣的話也適用於「複合物」、「事實」、「函數」、「數」等等語詞。

它們所表示的都是形式概念，在概念文字中都是透過變項，而並非（如弗雷格和羅素所認爲的那樣[12]）是透過函數或者集合來表現的。

「1是一個數」，「只有一個唯一的零」這樣的運算式，及所有其他類似的運算式，都是沒有任何意義的。

（正如說「2 + 2在 3 點的時候等於 4」是沒有任何意義的一樣，說「只有一個唯一的 1」也是沒有任何意義的。）

11　$\aleph_0$（讀作「阿列夫零」）代表最小的超限（窮）基數（即所有自然數集合的基數）。在1923年9月與蘭姆西討論《邏輯哲學論》英譯問題時，維根斯坦打算在此補入如下評論（用英文撰寫）：

　　命題「有 n 個這樣的物，它們……」的**意義**預設了我們試圖透過「有 n 個物」這樣的說法所斷定的東西（載於 C. Lewy, "A Note on the Text of the *Tractatus*", *Mind* 76, 1967, p.421）。

12　參見 G. Frege, *Kleine Schriften*, hrsg. von Ignacio Angelelli, Zweite Auflage, Hildesheim: Georg Olms, 1990, S. 133; B. Russell, *The Philosophy of Mathematics*, 2nd edn, London: Allen and Unwin, 1937, pp. 20, 69, 88, 131; A. N. Whitehead and B. Russell, *Principia Mathematica*, vol. I, 2nd edn, Cambridge: Cambridge University Press, 1927, p. 23。

4.12721 一個形式概念已經與屬於它之下的一個對象一起
給出了。因此，人們不能將一個形式概念的對象
和該形式概念本身都作爲初始概念一同引入。因
此，比如人們不能（像羅素那樣）將函數概念和
特殊的函數一起作爲初始概念引入[13]；或者，將數
概念和特定的數一同作爲初始概念引入。

4.1273 欲在概念文字中表達「b 是 a 的一個後繼」這個一
般命題，我們需給下面這個形式序列的通項以一
種表達：

aRb,

(∃x):aRx . xRb,

(∃x, y): aRx . xRy . yRb,

…………

人們只能透過一個變項來表達一個形式序列的通
項，因爲這個形式序列的項這個概念是一個**形式**
概念。（弗雷格和羅素忽視了這點；因此，他們
欲表達形如上面那種一般命題的方式是錯誤的；
它含有一個惡性循環。[14]）

---

13 參見 A. N. Whitehead and B. Russell, *Principia Mathematica*, vol. I, 2nd
edn, Cambridge: Cambridge University Press, 1927, pp. 91-93。

14 參見 G. Frege, *Begriffsschrift, eine der arithmetischen nachgebildete
Formelsprache des reinen Denkens, in Begriffsschrift und andere
Aufsätze*, zweite Auflage, hrsg. von Ignacio Angelelli, Hildesheim: Georg
Olms, 1964, §§24, 26-29; —— *Grundgesetze der Arithmetik*, Band I,

我們可以透過以下方式確定一個形式序列的通項：給出它的第一項和這樣的運算的一般形式，它從前一個命題將接下來的那個項製造出來。

4.1274　是否存在著形式概念的問題是沒有任何意義的。因為任何命題都不能對這樣的一個問題作出回答。（因此，人們不能提出比如這樣的問題：「存在著不可分析的主語謂語命題嗎？」）

4.128　邏輯形式是**無**數的。

正因如此，在邏輯中不存在任何卓越的數，而且因此也不存在哲學一元論或二元論等等。

4.2　一個命題的意義就是其與基本事態的存在和不存在的諸種可能情況的一致和不一致。

4.21　最簡單的命題，基本命題，斷定一個基本事態的存在。

4.211　一個基本命題的標誌是任何基本命題都不能與它相互矛盾。

4.22　一個基本命題是由諸名稱組成的。它是諸名稱的一種關聯、連結。

4.221　顯而易見，在對命題進行分析的時候，我們必然要達到由名稱的直接結合所構成的基本命題。

Jena: H. Pohle, 1893, §§45-46; A. N. Whitehead and B. Russell, *Principia Mathematica*, vol. I, 2nd edn, Cambridge: Cambridge University Press, 1927, pp. 543-544。

在此便產生了這樣的問題：這樣的命題連結是如何形成的？

4.2211　即使世界是無窮複雜的，以至於每一個事實都是由無窮多個基本事實組成的，並且每一個基本事實都是由無窮多個對象複合而成的，也必然存在著對象和基本事實。

4.23　只是在某個基本命題的關聯中一個名稱才出現在一個命題之中。

4.24　名稱是簡單符號，我透過使用單個的字母（「x」、「y」、「z」）來指示它們。

我將基本命題寫作如下形式的諸名稱的函數：「fx」、「φ(x, y)」等等。

或者，我透過字母 p, q, r 來指示它們。

4.241　如果我使用兩個具有相同的所指的符號，那麼我將透過以下方式來表達這一點，即在二者之間插入符號「=」。

因此，「a = b」意味著：符號「a」可由符號「b」來替換。

（如果我經由一個等式透過以下方式引入一個新符號「b」：我規定，用它替換一個人們已經熟悉了的符號「a」，那麼我將〔像羅素那樣〕把該等式——該定義——寫成這樣的形式：「a = b

Def.」¹⁵。這個定義是一個符號規則。）

4.242 因此，「a = b」形式的運算式只不過是表現的權宜手段；它們並沒有就符號「a」、「b」的所指而斷言什麼。

4.243 在不知道兩個名稱表示的是相同的物抑或是不同的物的情況下我們能理解它們嗎？── 如果一個命題包含有兩個名稱，那麼在不知道它們所指稱的是同一個東西抑或是不同的東西的情況下我們能理解它嗎？

比如，假定我知道一個英語詞的所指和一個具有相同的所指的德語詞的所指，那麼我不可能不知道二者是具有相同的所指的；我不可能不會將它們互相翻譯。

「a = a」形式的運算式，或者由它們推導而來的運算式，既不是基本命題，也不是其他有意義的符號（稍後這點將變得明顯起來）。

4.25 如果一個基本命題是真的，則【它所描述的】基本事態存在；如果一個基本命題是假的，則【它所描述的】基本事態不存在。

---

15 「Def.」是「Definition」（定義）的縮寫，與其前面的公式中的等號「=」合在一起表示此公式等號左邊的形式被定義為其右邊的形式（參見 A. N. Whitehead and B. Russell, *Principia Mathematica*, vol. I, Cambridge: Cambridge University Press, 1927, p. 11）。

4.26　如果給出了所有眞的基本命題，我們便有了對於
　　　世界的完全的描述。如果給出了所有基本命題，
　　　並且附帶說明了它們之中哪些是眞的，哪些是假
　　　的，那麼我們便有了對於世界的完全的描述。

4.27　相對於 n 個基本事態的存在和不存在，有
$$K_n = \sum_{v=0}^{n} \binom{n}{v}^{16} 種可能情況。$$
　　　這些基本事態的所有組合【中的任何一種都】可
　　　以存在，而其他的組合則不能存在。

4.28　恰好有同樣多 n 個基本命題的眞——和假——的
　　　可能情況與這些組合相對應。

4.3　諸基本命題的諸種眞值可能情況意味著諸基本事
　　　態的存在和不存在的諸種可能情況。

4.31　我們可以透過以下形式的圖式來表現這些眞值
　　　可能情況（其中，「W」意謂「wahr」〔眞〕，
　　　「F」意謂「falsch」〔假〕。第一行是由諸基本
　　　命題組成的，位於其下的諸「W」和「F」行則以
　　　一種容易理解的表示方式意謂這些基本命題的諸
　　　種眞值可能情況）：

---

16 這個等式右邊的公式等於2^n，因此 $K_n = 2^n$。

p	q	r
W	W	W
F	W	W
W	F	W
W	W	F
F	F	W
F	W	F
W	F	F
F	F	F

p	q
W	W
F	W
W	F
F	F

p
W
F

4.4　一個命題是與諸基本命題之諸種眞值可能情況的一致和不一致的表達。

4.41　諸基本命題的諸種眞值可能情況是諸命題之爲眞和爲假的條件。

4.411　從一開始以下之點就是非常可能的：基本命題的引入對於所有其他種類的命題的理解來說具有基礎性的意義。的確，人們**感覺到**，一般命題的理解取決於基本命題的理解。

4.42　關於一個命題與 n 個基本命題的諸種眞值可能情況的一致和不一致有 $\sum_{k=0}^{K_n} \binom{K_n}{k} = L_n$[17]種可能情況。

17　$L_n = 2^{K_n} = 2^{2^n}$。

4.43　　我們可以透過以下方式來表達與諸種眞値可能情況的一致，即在圖式中給它們配合上比如符號「W」。

這個符號之缺失則意味著不一致。

4.431　與諸基本命題的諸種眞値可能情況的一致和不一致的表達表達了一個命題的諸種眞値條件。

一個命題是其諸種眞値條件的表達。

（因此，弗雷格在解釋其概念文字的符號時，將它們作爲出發點，這是完全正確的。[18]只是弗雷格對眞値概念的解釋是錯誤的：如果「那個眞」和「那個假」果眞是對象，並且是～p 等等的主題，那麼按照弗雷格確定意義的方式，「～p」的意義根本沒有得到確定。）

4.44　　那個經由那些符號「W」和諸種眞値可能情況的配合而產生的符號是一個命題符號。

4.441　很清楚，沒有對象（或對象的複合物）與符號「F」和「W」的複合物相對應；正如沒有對象與水平線和垂直線或括弧相對應一樣。——沒有「邏輯對象」。

同樣的話自然也適用於表達了「W」和「F」的圖式所表達的東西的所有符號。

---

18 參見 G. Frege, *Begriffsschrift, eine der arithmetischen nachgebildete Formelsprache des reinen Denkens*, §§5, 7。

4.442 例如：如下圖式

p	q	
W	W	W
F	W	W
W	F	
F	F	W

便是一個命題符號。

（弗雷格的「判斷線」「⊢」從邏輯上說完全沒有意義；在弗雷格〔和羅素〕那裡，它只是表明了這些作者將如此表示的命題看作真的。[19]因此，正如比如一個命題的序號不屬於命題結構一樣，「⊢」也不屬於命題結構。一個命題不能自己斷言自己是真的。）

如果這個圖式中諸真值可能情況的次序經由一條組合規則而一勞永逸地確定下來，那麼單單最後一列便已然是諸真值條件的表達了。如果我們將這一列改寫成行，那麼這個命題符號便成為：

---

19 參見 G. Frege, *Begriffsschrift, eine der arithmetischen nachgebildete Formelsprache des reinen Denkens*, §2; —— *Kleine Schriften*, hrsg. von Ignacio Angelelli, Zweite Auflage, Hildesheim: Georg Olms, 1990, S. 136-137；A. N. Whitehead and B. Russell, *Principia Mathematica*, vol. I, 2nd edn, Cambridge: Cambridge University Press, 1927, pp.8-9, 92。

　　　　「(W W — W)(p, q)」

或者，爲了更爲清楚明白，可將其表述如下：

　　　　「(W W F W)(p, q)」

（左括弧中的位數是由右括弧中的項數決定的。）

4.45　　對於 n 個基本命題來說，有 Lₙ 組可能的眞值條件。

這些組眞值條件屬於一定數目的基本命題的諸種
眞值可能情況。它們可以被排成一個序列。

4.46　　在這些組可能的眞值條件中，有兩種極端情形。

在其中的一種情形中，【表達它們的】那個命題
在諸基本命題的所有眞值可能情況下都是眞的。
這時，我們便說這些眞值條件是**恆眞的**。

在另一種情形中，【表達它們的】那個命題在所
有眞值可能情況下都是假的：這些眞值條件是**矛
盾的**。

在第一種情形中，我們稱【表達它們的】那個命
題爲恆眞式，在第二種情形中，我們稱其爲矛盾
式。

4.461　一個命題顯示它所說出的東西，恆眞式和矛盾式
則顯示它們沒有說出任何東西。

恆眞式沒有任何眞值條件，因爲它們無條件地
眞；矛盾式則在任何條件下都不是眞的。

恆眞式和矛盾式都是空洞的。

（正如這樣一個點，從其上兩支箭各自飛向相反
的方向。）

（比如，當我知道或者下雨，或者不下雨時，我並不知道有關天氣的任何情況。）

4.4611　但是，恆眞式和矛盾式並非是沒有任何意義的；它們屬於符號系統，而且它們屬於符號系統的方式類似於「0」屬於算術的符號系統。

4.462　恆眞式和矛盾式不是實際的圖像。它們沒有表現任何可能的事態。因爲前者允准了**每一個**可能的事態，後者**沒有**允准**任何**事態。

在恆眞式中，與世界一致的諸條件 —— 諸表現關係 —— 互相抵消，因此它們與實際沒有任何表現關係。

4.463　諸眞值條件確定了【表達它們的】那個命題所留給諸事實的那個活動範圍。

（從否定意義上說，一個命題，一幅圖像，一個模型，有如這樣一個固體，它限制了其他的固體活動的自由；從肯定意義上說，它們有如一塊由固體物質所圍起來的空間，在其內爲一個物體留有位置。）

一個恆眞式將整個 —— 無窮的 —— 邏輯空間都留給了實際；一個矛盾式則填滿了整個邏輯空間，沒有留給實際以任何位置。因此，兩者均不能以任何方式決定實際。

4.464　一個恆眞式的眞是確實的，一個命題的眞是可能的，一個矛盾式的眞是不可能的。

（確實的、可能的、不可能的：這裡我們便有了機率論所需要的那種分級的跡象。）

4.465 一個恆眞式和一個命題的邏輯積與該命題說出了相同的東西。因此，這個邏輯積與該命題是相同的。因爲人們在沒有改變一個記號的意義的情況下是不可能改變它之中的本質性的東西的。

4.466 諸符號的所指的特定的邏輯的結合對應著諸符號的特定的邏輯的結合；**每一種任意的**結合只對應著未結合在一起的諸符號。

這就意味著，相對於所有事態都眞的命題根本就不可能是任何符號的結合，因爲，否則的話，對應著它們的只能是諸對象的特定的結合。

（**沒有任何**對象的結合的地方也沒有任何邏輯的結合。）

恆眞式和矛盾式是符號結合的極限情形，亦即其消解。

4.4661 當然，即使在恆眞式和矛盾式的情況下，諸符號也還是彼此結合在一起的，也即它們彼此處於一些關係之中，但是這些關係是沒有意義的，對於**記號**而言是非本質性的。

4.5 現在似乎可以給出最一般的命題形式了：這也就是說，給出**任何一種**符號語言的諸命題的這樣一種描述，以至於每一個可能的意義都能夠經由一個該描述所適合的記號來加以表達，而且每一個

該描述所適合的記號都能夠表達一個意義 —— 只要對諸名稱的所指作出了適當的選擇。

顯然，**只有**命題形式之中的本質的東西的才能出現在關於最一般的命題形式的描述之中，—— 因為，否則，它就不是最一般的命題形式了。

存在著一種一般的命題形式，這點經由如下事實得到了證明：不可能存在著這樣一個命題，其形式人們不能預言（即構造）。命題的一般形式是：事情是如此這般的。

4.51　假定**所有的**基本命題都給予了我：這時我便會直接地提出這樣的問題：從它們我能構造出哪些命題呢？能構造出**所有的**命題，**以這樣的方式**命題的界限便被畫出來了。

4.52　命題是得自於所有基本命題的總和（當然也是得自於如下之點：它是它們**全部的總和**）的所有東西。（因此，在某種意義上，人們可以說，**所有的**命題都是諸基本命題的一般化。）

4.53　一般的命題形式是一個變項。

一個命題是諸基本命題的一個眞值函數

（一個基本命題是它自己的一個眞值函數）

5.01 諸基本命題是一個命題的諸眞值主題。

5.02 人們很容易將函數的主題與名稱的標號混淆在一起。因爲我從主題和標號中都能認出包含著它們的符號的所指。

比如，在羅素的「$+_c$」[1]中，「$_c$」就是一個標號，它表示，這個整個符號是基數的加法符號。但是，這種表示方式是以任意的約定爲基礎的，人們也可以不使用「$+_c$」，而選擇一個簡單符號；但是，在「～p」中，「p」並不是一個標號，而是一個主題：在未理解「p」的意義之前，我們是**不能**理解「～p」的意義的（在儒略・凱撒這個名稱中，「儒略」是一個標號。一個標號總是構成了關於這樣一個對象的描述的一個部分，我們將該標號附加在它的名稱之上。比如，儒略氏族的**那個**凱撒）。

如果我沒有弄錯的話，弗雷格關於命題和函數的所指的理論就是建立在主題和標號的混淆基礎之上的。對於弗雷格來說，諸邏輯命題是名稱，而其主題就是這些名稱的標號。

5.1 諸眞值函數皆可以被安排進序列之中。

---

1 在《數學原理》中，羅素用該符號表示基數加法（參見 A. N. Whitehead and B. Russell, *Principia Mathematica*, vol. II, 2nd edn, Cambridge: Cambridge University Press, 1927, p. 73）。

這構成了機率理論的基礎。

5.101　每一給定數目的基本命題的諸種眞值函數都可以寫成如下形式的圖式：

(WWWW)(p, q)　恆眞式（如果 p，那麼 p；並且如果 q，那麼 q）。（p⊃p.q⊃q）

(FWWW)(p, q)　以語詞形式說：並非 p 且 q 兩者皆成立。（～(p. q)）

(WFWW)(p, q)　以語詞形式說：如果 q，那麼 p。（q⊃p）

(WWFW)(p, q)　以語詞形式說：如果 p，那麼 q。（p⊃q）

(WWWF)(p, q)　以語詞形式說：或者 p，或者 q。（p∨q）

(FFWW)(p, q)　以語詞形式說：並非 q。（～q）

(FWFW)(p, q)　以語詞形式說：並非 p。（～p）

(FWWF)(p, q)　以語詞形式說：p 或者 q，但並非二者皆成立。（p.～q:∨:q.～p）

(WFFW)(p, q)　以語詞形式說：如果 p，那麼 q；並且如果 q，那麼 p。（p≡q）

(WFWF)(p, q)　以語詞形式說：p。

(WWFF)(p, q)　以語詞形式說：q。

(FFFW)(p, q)　以語詞形式說：既非 p，也非 q。（～p.～q）或者（p|q）

(FFWF)(p, q)　以語詞形式說：p 並且非 q。

（p.～q）

(FWFF)(p, q)　以語詞形式說：q 並且非 p。

（q.～p）

(WFFF)(p, q)　以語詞形式說：q 並且 p。（q.p）

(FFFF)(p, q)　矛盾式（p 並且非 p；並且 q 並且非 q）。（p.～p.q.～q）

我將一個命題的諸真值主題的諸種真值可能情況中那些使其為真的情況稱作它的**真值基礎**。

5.11　如果為一些命題所共同具有的諸真值基礎整體說來也是某個特定命題的真值基礎，那麼我們便說這個命題的真得自於那些命題的真。

5.12　特別說來，如果一個命題「q」的真值基礎都是另一個命題「p」的真值基礎，那麼「p」的真得自於「q」的真。

5.121　一個命題的諸真值基礎包含於另一個命題的諸真值基礎之中；「p」得自於「q」。

5.122　如果「p」得自於「q」，那麼「p」的意義包含於「q」的意義之中。

5.123　如果某個上帝創造了一個世界，在其內某些命題是真的，那麼由此他也已經創造了一個這樣的世界，在其內它們的所有結論都是真的。類似地，他不能創造一個這樣的世界，在其內命題「p」是真的，但他卻沒有創造出它的所有對象。

5.124　一個命題肯定了每一個得自於它的命題。

5.1241　「p.q」是這樣的命題之一，它們肯定了「p」，同時也是這樣的命題之一，它們肯定了「q」。

對於兩個命題而言，如果不存在任何同時肯定了它們的有意義的命題，那麼它們便是互相反對的。

每一個與另一個命題互相矛盾的命題都否定了它。

5.13　一個命題的眞得自於其他命題的眞，我們從這些命題的結構中就能看出這點。

5.131　如果一個命題的眞得自於其他命題的眞，那麼這點經由這些命題的形式彼此所處的關係而表達自身。而且我們甚至於無需透過將它們彼此結合成一個命題的方式來將它們置於這些關係之中；相反，這些關係是內在的，只要那些命題存在，那麼它們就立即存在，而且它們是因爲那些命題存在這個事實而得以存在的。

5.1311　當我們從「p∨q」和「～p」推演出「q」的時候，在此「p∨q」和「～p」的命題形式之間的關係被這種表示方式遮掩了。但是，如果我們比如不寫「p∨q」，而寫「p|q.|.p|q」，不寫「～p」，而寫「p|p」（p|q = 既非 p 也非 q），那麼這種內在的關聯便顯而易見了。

（人們可以從 (x). fx 推演出 fa，這點表明一般性也存在於記號「(x). fx」之中。）

5.132　如果 p 得自於 q（Folgt p aus q），那麼我可以從 q 推演出 p（von q auf p schließen）；從 q 推導出

　　　　　p（p aus q folgern）。

　　　　　這個推演方式只能來源於這兩個命題。

　　　　　只有它們自己才能為該推理提供根據。

　　　　　被認為是為推理提供根據的那些「推理規則」—— 比如在弗雷格和羅素那裡 —— 是空洞的，是多餘的。

5.133　　所有推導都是先天地進行的。

5.134　　從一個基本命題不能推導出其他任何一個基本命題。

5.135　　絕對不能從任何一個事態的存在推斷出另一個與之完全不同的事態的存在。

5.136　　不存在為這樣的推理提供根據的因果連繫。

5.1361　我們不**能**從當前的事情推斷將來的事情。

　　　　　迷信恰恰是相信因果連繫。

5.1362　意志自由在於我們現在不可能知道將來的行動。只有在如下情況下我們才能知道將來的行動：因果性是一種**內在的**必然性，正如邏輯推理的必然性一樣。—— 知道和所知道的東西之間的連繫是一種邏輯必然性的連繫。

　　　　　（如果 p 是一個恆真式，那麼「A 知道 p 是實際情況」這樣的說法就是空洞的。）

5.1363　如果一個命題的真並非**得自**於對於我們來說它是自明的這個事實，那麼自明性也就不能為我們認為它是真的這種信念提供根據。

5.14 如果一個命題得自於另一個命題，那麼後者所說出的東西多於前者，前者所說出的東西少於後者。

5.141 如果 p 得自於 q，並且 q 得自於 p，那麼它們便是同一個命題。

5.142 恆眞式得自於所有命題：它們沒有說出任何東西。

5.143 矛盾式是諸命題的這樣的共同之處，**沒有任何**命題與另一個命題共同具有它。恆眞式則是所有這樣的命題的共同之處，它們彼此之間沒有任何共同之處。

可以說，矛盾式消失在所有命題之外，恆眞式則消失於所有命題之內。

矛盾式是諸命題的外部界限，恆眞式則是它們的沒有任何實質內容的中點。

5.15 如果 W_r 是命題「r」的眞值基礎的數目，W_{rs} 是命題「s」的這樣的眞值基礎的數目，它們同時也是「r」的眞值基礎，那麼我們便稱比例 $W_{rs} : W_r$ 爲命題「r」給予命題「s」的**機率**度。

5.151 在一個類似於前面第5.101號評論中的那個圖式的圖式中，令 W_r 爲命題 r 中的「W」的數目；令 W_{rs} 爲命題 s 中的這樣的「W」的數目，它們出現在命題 r 的帶有「W」的同樣的列之中。這時，命題 r 給予命題 s 的機率爲：$W_{rs} : W_r$。

5.1511 不存在爲機率命題所獨有的獨特的對象。

5.152　　我們稱彼此沒有共同的眞值主題的諸命題爲相互
　　　　　獨立的。

　　　　　兩個基本命題給予彼此的機率爲1/2。[2]

　　　　　如果 p 得自於 q，那麼命題「q」給予命題「p」
　　　　　的機率爲1。邏輯推理的確實性是機率的一種極限
　　　　　情形。

　　　　　（此點在恆眞式和矛盾式上的應用。）

5.153　　一個命題本身既非很有可能爲眞的，也非不太可
　　　　　能爲眞的。一個事件或者發生或者不發生，中間
　　　　　情況是沒有的。

5.154　　假定在一個罐子中裝有同樣數目的白球和黑球
　　　　　（此外其內不再含有其他顏色的球）。我一個一
　　　　　個地將球取出來，然後再把它們放回去。透過這
　　　　　樣的實驗，我能確定，在連續地取出的過程中所
　　　　　取出的黑球和白球的數目是彼此接近的。

　　　　　因此，**這**不是一個數學事實。

　　　　　這時，如果我說：我取出白球和取出黑球的機率
　　　　　是一樣的，那麼這就意味著：我所知道的所有情

2　在奧斯特瓦爾德版（1921年）和德英對照第1版（1922年）中這句
　　話是這樣的：「互相獨立的命題（比如任何一對基本命題）彼此給
　　予對方的機率爲1/2。」在1933年德英對照版中改成現在的形式。維
　　根斯坦最初是在1923年9月與蘭姆西討論《邏輯哲學論叢》的英文翻
　　譯問題時作出這種改動的（參見 C. Lewy, "A Note on the Text of the
　　Tractatus", *Mind* 76, 1967, p. 417）。

況（包括作為假說而假定的自然律）給予其中的一個事件發生的機率並不比給予另一個事件發生的機率**高**。這就意味著它們給予每一個的機率都是1/2（從上面的說明很容易得出這點）。

我透過這個實驗所證實的東西是：這兩個事件的發生是獨立於我缺乏進一步了解的那些情況的。

5.155　機率命題的單位是：（一般說來我缺乏進一步了解的）諸情況給予一個特定事件的發生以某某機率度。

5.156　因此，機率是一種一般化。

它涉及對於一種命題形式的一般性的描述。

只是在缺乏確實性的時候我們才需要機率。——即在這樣的時候：我們對一個事實並不完全了解，但是我們的確知道有關它的形式的**一些東西**。

（一個命題儘管可以是某個事態的一幅不完全的圖像，但它始終是**一幅**完全的圖像。）

機率命題可以說是其他命題的節錄。

5.2　諸命題的諸結構彼此處於某些內在關係之中。

5.21　我們可以透過以下方式在我們的表達方式中突出地表現這些內在關係，即我們將一個命題表示為這樣一種運算的結果，它將它從其他的命題（該運算的諸基礎）中產生出來。

5.22　一個運算是它的結果的結構和它的諸基礎的諸結構之間的某種內在關係的一種表達。

5.23　　　一個運算就是爲了從一個命題製作出另一個命題而必須對它做的事情。

5.231　　而這點自然要取決於它們的諸形式性質，取決於它們的諸形式的內在相似性。

5.232　　給一個序列排序的那種內在關係等價於這樣一種運算，正是經由它該序列的一項從另一項中產生出來。

5.233　　一個運算只有在這樣的地方才能出現，在那裡，一個命題以一種邏輯上有意義的方式從另一個命題中產生出來。因此，它只有在對一個命題的邏輯構造過程開始的地方才能出現。

5.234　　諸基本命題的諸眞值函數都是以諸基本命題爲基礎的諸種運算的結果。（我稱這樣的運算爲眞值運算。）

5.2341　p 的眞值函數的意義是 p 的意義的一個函數。

否定，邏輯加法，邏輯乘法等等，等等，都是運算。

（否定逆轉了一個命題的意義。）

5.24　　　一個運算顯示自身於一個變項中；它顯示人們如何能夠從一種形式的諸命題過渡到另一種形式的命題。

它表達了諸形式之間的區別。

（一個運算的諸基礎與其結果之間的共同之處恰恰是這些基礎。）

5.241　　一個運算並沒有標示任何形式，而只是標示出了諸形式之間的區別。

5.242　　從「p」製作出「q」的那個運算又從「q」製作出「r」等等。這點只能表達在如下事實中：「p」、「q」、「r」等等是變項，它們一般性地表達出了某些形式關係。

5.25　　一個運算【在一個命題中】的出現並沒有刻畫該命題的意義的任何特徵。

　　　　一個運算當然並沒有說出什麼，只是它的結果說出了一些東西，而這點取決於該運算的諸基礎。

　　　　（不應將運算和函數混淆在一起。）

5.251　　一個函數不能是它自己的主題，但是一個運算的結果卻的確可以是它自己的基礎。

5.252　　只有以這樣的方式從一個形式序列的一項到另一項（從羅素和懷德海的等級系統中的一個類型到另一個類型）的進展才是可能的。（儘管羅素和懷德海沒有承認這種進展的可能性，但是他們卻總是一再地利用它。）

5.2521　　我將一個運算在它自己的某個結果之上的再一次的應用稱作它的連續應用（O'O'O'a 是「O'ξ"」在 a 之上3次連續應用的結果）。

　　　　在一種類似的意義上，我談論**多個**運算在一些命題之上的連續應用。

5.2522　因此，我將一個形式序列 a, O'a, O'O'a, ⋯⋯的通項寫作：「〔a, x, O'x〕」。這個括弧運算式是一個變項。其第1項為該形式序列的首項，其第2項為該序列的任意一項 x 的形式，其第3項為該序列的緊跟著 x 的那一項的形式。

5.2523　一個運算的連續應用概念等價於「等等」概念。

5.253　一個運算可以去除另一個運算的效果。諸運算可以彼此抵消。

5.254　運算可以消失（例如：「∼∼p」中的否定：∼∼p ＝ p）。

5.3　所有命題都是諸種真值運算應用於諸基本命題之上的結果。

一種真值運算是一個真值函數從諸基本命題中產生出來的那種方式。

按照真值運算的本質，正如從諸基本命題中其真值函數生成出來一樣，從諸真值函數一個新的真值函數依同樣的方式生成出來。每一種真值運算都從諸基本命題的諸真值函數又創造出一個諸基本命題的真值函數，一個命題。每一種這樣的真值運算 —— 它應用於以諸基本命題為基礎的諸真值運算的諸結果之上 —— 的結果將又是**一種**以諸基本命題為基礎的真值運算的結果。

每一個命題都是諸種真值運算應用於諸基本命題之上的結果。

5.31　即使「p」、「q」、「r」等等不是基本命題，出現於第 4.31 號評論中的那些圖式也仍然具有意義。

不難看出，即使「p」和「q」是基本命題的真值函數，第 4.442 號評論中的那個命題符號也表達了諸基本命題的一個真值函數。

5.32　所有真值函數都是有限數目的真值運算在諸基本命題之上的連續應用的結果。

5.4　在此，如下之點便昭然若揭了：沒有（弗雷格和羅素意義上的）「邏輯對象」、「邏輯常數」。

5.41　這是因為：以諸真值函數為基礎的諸真值運算的所有結果都是相同的，只要它們是諸基本命題的同一個真值函數。

5.42　很明顯，∨, ⊃ 等等並不是像左和右等等那種意義上的關係。

弗雷格和羅素的邏輯「初始符號」之間交互定義的可能性已經表明，它們根本就不是初始符號，更表明它們所表示的根本就不是關係。

顯然，我們經由「～」和「∨」所定義的那個「⊃」和我們藉以與「～」一起來定義「∨」的那個「⊃」是一樣的，而後一個「∨」和前一個「∨」也是一樣的。如此等等。

5.43　據說，對一個事實 p 而言，應該有無窮多個**其他**的事實，即～～p，～～～～p 等等，得自於它。

的確，人們立即就會看出，這是難以置信的。同樣令人驚異的是，無窮多個邏輯（數學）命題得自於半打「基本規律」。

但是，所有邏輯命題都說出了相同的東西，即沒有說出任何東西。

5.44 真值函數絕對不是實質函數。

如果人們比如可以經由雙重否定創造出一個肯定，那麼這時否定 —— 從某種意義上說 —— 已經包含在肯定之中了嗎？「～～p」否定了～p，還是肯定了 p；抑或是兩者？

命題「～～p」處理否定的方式並非和處理一個對象一樣；但是，否定的可能性的確已經被預先斷定在肯定之中了。

如果有一個叫作「～」的對象，那麼「～～p」必然和「p」說出了不同的東西。因為在這種情況下，它們中的一個處理的恰恰是～，而另一個並沒有處理它。

5.441 這種似是而非的邏輯常數的消失現象也發生在如下場合：「～(∃x).～fx」和「(x).fx」說出了相同的東西，或者「(∃x).fx.x = a」和「fa」說出了相同的東西。

5.442 如果給予了我們一個命題，那麼以它為基礎的所有真值運算的結果也已經**與它一起**被給予了我們。

5.45　　　如果存在著邏輯的初始符號，那麼一個正確的邏
　　　　　輯就必須澄清它們彼此的相對位置，必須為它們
　　　　　的存在提供根據。以初始符號**為出發點**而進行的
　　　　　邏輯構造過程必須是清楚明白的。

5.451　　如果邏輯中有初始概念，那麼它們必須是彼此獨
　　　　　立的。如果一個初始概念被引入了，那麼它必須
　　　　　是在包含著它的所有的結合中被引入的。因此，
　　　　　人們不能這樣引入它：先是在**一個**結合中將其引
　　　　　入，事後在另一個結合中將其再次引入。例如：
　　　　　如果我們引入了否定，那麼我們現在就必須不僅
　　　　　理解了它在「～p」這樣的形式的命題中的意義，
　　　　　而且也必須理解了它在諸如「～(p∨q)」、「(∃
　　　　　x).～fx」這樣的命題中的意義。我們不能先是針
　　　　　對一類情形將其引入，事後又針對另一類情形將
　　　　　其引入，因為這時如下之點是值得懷疑的：在這
　　　　　兩類情形中它所具有的意義是否是相同的。沒有
　　　　　任何根據在這兩類情形中使用同樣的符號結合。

　　　　　（簡言之，弗雷格〔在《算術的基本規律》中〕
　　　　　針對經由定義引入符號這件事所說的話[3]在細節上
　　　　　作出必要的修正後對於初始符號的引入來說也是
　　　　　適用的。）

3　參見 G. Frege, *Grundgesetze der Arithmetik*, Band II, Jena: H. Pohle, 1903, S. 69-72。

5.452　將一個新的權宜手段引入邏輯的符號系統，這必定始終是一個意義重大的事件。我們絕對不能將一個新的權宜手段以這樣的方式 —— 可以說，若無其事地 —— 引入邏輯之中：將其放在括弧裡或置於註腳中。

（在羅素和懷德海的《數學原理》中，以語詞的形式表述的定義和基本規律就是這樣出現的。[4] 為什麼這裡突然出現了語詞？這樣做須是有根據的。但是，並不存在這樣的根據，而且這點是必然的，因為這種做法事實上是不允許的。）

但是，如果在某一個地方一個新的權宜手段的引入被證明是必要的，那麼人們在這時必須立即問一下自己：究竟在什麼地方必須**總是**要使用這種權宜手段？這時，它在邏輯中的位置必須得到說明。

5.453　邏輯中的所有數都必須是可以找到根據的。

或者，更準確地說：結果必定表明，在邏輯中不存在任何數。

不存在任何卓越的數。

5.454　在邏輯中沒有並列，也不可能有任何分類。

在邏輯中不可能存在著較普遍東西和較特殊的東西。

4　參見 A. N. Whitehead and B. Russell, *Principia Mathematica*, vol. I, 2nd edn, Cambridge: Cambridge University Press, 1927, pp. 94, 132, 133。

5.4541　邏輯問題的答案必然是簡單的，因為它們確定了簡單性的標準。

人們一直有這樣的預感：存在著這樣一個問題領域，它們的答案以對稱的方式先天地聯合在一起，形成了一個封閉的、合乎規則的構成物。

亦即這樣一個領域，在其內以下原則是適用的：簡單性是真理的標誌[5]。

5.46　如果人們正確地引入了一個邏輯符號，那麼人們藉此便也已經將它的所有的組合的意義同時引入了；因此，不僅引入了「p∨q」，而且也已經引入了「～(p∨～q)」等等。人們藉此也引入了所有僅僅可能的括弧組合的效果。由此以下之點便非常清楚了：真正一般的初始符號並不是「p∨q」、「(∃x).fx」等等，而是它們的組合的最一般的形式。

5.461　下面這個表面上看不怎麼重要的事實是具有很重要的意義的：與真正的關係相反，∨和⊃之類的邏輯的似是而非的關係需要括弧。

那些似是而非的初始符號需要與括弧一起使用，這點的確已經表明，它們並不是真正的初始符號。

當然不會有人相信，括弧具有一個獨立的所指。

5.4611　邏輯運算符號是標點符號。

5　原文為拉丁文：「Simplex sigillum veri」。荷蘭科學家波爾哈威（Herman Boerhaave, 1688-1738）的座右銘。

5.47　顯然，**從一開始**便可以就所有命題的形式而說出的一切東西都可以**同時**說出來。

　　　　所有的邏輯運算的確均已包含在基本命題之中了。

　　　　因為「fa」和以下形式的命題說出了相同的東西：

　　　　　　　　「(∃x).fx.x = a」

　　　　凡是存在著複合性的地方，就有主題和函數，而有了主題和函數也就已經有了所有的邏輯常數。

　　　　人們可以說：那個唯一的邏輯常數就是**所有**命題按照其本性彼此共同具有的那個東西。

　　　　但是，這就是一般的命題形式。

5.471　一般的命題形式就是命題的本質。

5.4711　給出了命題的本質就意味著給出了所有描述的本質，因此也就意味著給出了世界的本質。

5.472　關於最一般的命題形式的描述就是關於一個，而且唯一的一個，一般的邏輯初始符號的描述。

5.473　邏輯必須照料自身。

　　　　一個**可能的**符號必定也能夠有所表示。在邏輯中可能的一切東西也是允許的。（「蘇格拉底是同一的」之所以沒有意味任何東西，是因為根本就不存在被叫作「同一的」這樣一種性質。這個命題之所以是沒有任何意義的，是因為我們還沒有作出一個任意的決定，而並非是因為該記號本身就是不允許的。）

　　　　在某種意義上說，在邏輯中我們是不可能犯錯

誤的。

5.4731　在邏輯中，只能透過以下方式來使羅素總是一再地提及的那種自明性[6]成爲不必要的：語言自身就防止了每一種邏輯錯誤。—— 邏輯是先天的，這點在於以下事實：我們**不能**不合邏輯地思維。

5.4732　我們不會給予一個符號不適當的意義。

5.47321　奧卡姆箴言自然不是一個任意的，或者說，一個經由其實際效果而得到辯護的規則：它所說的是，**不必要的**符號單位沒有指稱任何東西。

滿足**同一個**目的的諸符號從邏輯上說是等價的，**沒有**滿足**任何**目的的符號從邏輯上說沒有所指。

5.4733　弗雷格說：每一個合法地構造起來的命題都必有一個意義[7]；而我則說：每一個可能的命題都是合法地構造起來的，而如果它沒有一個意義，則這只能是因爲我們沒有給予它的某些構成成分以任何**所指**。

（即使我們認爲已經這樣做了。）

6　參見 A. N. Whitehead and B. Russell, *Principia Mathematica*, vol. I, 2nd edn, Cambridge: Cambridge University Press, 1927, p. 12; B. Russell, "The Theory of Knowledge", in *The Collected Papers of Betrand Russell*, vol. 7, ed. E. Eames and K. Blackwell, London: Allen and Unwin, 1984, pp. 156-166。

7　參見 G. Frege, *Grundgesetze der Arithmetik*, Band I, Jena: H. Pohle, 1893, S. 44, 50-51。

因此，「蘇格拉底是同一的」之所以沒有說出任何東西，是因為我們**沒有**給予作為**形容詞**的「同一的」一詞以**任何**所指。因為，當它作為同一性符號出現時，它是以完全不同的方式進行表示的——表示關係是不同的，——因此在這兩種情況下記號也是完全不同的；這兩個記號只是偶然共同具有這個符號。

5.474　必要的基礎運算的數目**僅僅**取決於我們的記號系統。

5.475　這裡重要的只是，如何構造一個具有特定的維數——特定的數學多樣性——的符號系統。

5.476　顯然，這裡關涉到的並不是**一些**必須被加以表示的**初始概念**，而是一條規則的表達。

5.5　每一個真值函數都是運算

$(-----W)(\xi, \cdots)$

在諸基本命題之上的連續應用的一個結果。

這個運算否定了出現於右邊括弧之內的所有命題。我將它稱作這些命題的否定。

5.501　就一個括弧運算式來說，如果其括弧內的諸項（它們都是命題）的次序無關宏旨的話，我就用「$(\bar{\xi})$」形式的符號來表示它。「ξ」是一個變項，它的值是括弧運算式之內的諸項；其上的短線表示它代表了它在括弧內的所有的值。

（因此，如果 ξ 有比如 3 個值 P, Q, R，則$(\bar{\xi})$ =

（P, Q, R）。）

該變項的值是規定好了的。

這種規定就是對該變項所代表的那些命題的描述。至於對該括弧運算式之內的諸項的描述是如何進行的，這不是重要的問題。

我們**可以**區分開3種描述：1.直接的列舉。在這種情況下，我們可以不使用這個變項而直接給出它的諸穩定的值。2.給出一個函數 fx，它相對於 x 的所有值的值就是我們所要描述的命題。3.給出一條我們據以構造那些命題的形式規律。在這種情況下，該括弧運算式的諸項就是一個形式序列的所有項。

5.502　因此，我寫「N(ξ̄)」而不寫「(-----W)(ξ, ⋯)」。N(ξ̄)是命題變項 ξ 的所有值的否定。[8]

5.503　在此很明顯，如下之點是很容易表達出來的：諸命題如何能夠經由這個運算構造出來，諸命題如何不能經由它構造出來。因此，這點必然也能夠獲得一種精確的表達。

5.51　如果 ξ 僅有一個值，那麼 N(ξ̄) = ～p（非 p）；如果它有兩個值，那麼 N(ξ̄) = ～p.～q（既非 p，也非 q）。

8　「N」為「Negation」（否定）的縮寫。

5.511　包羅一切的、映現世界的邏輯如何能使用如此特殊的鉤子和手段呢？只有透過以下方式：所有這些東西連接成一個無限精細的網路，一面巨大的鏡子。

5.512　如果「p」是假的，那麼「∼p」便是真的。因此，在真命題「∼p」中，「p」是一個假命題。那麼「∼」這個短線是如何使它與實際一致起來的？但是，在「∼p」中起否定作用的東西並不是「∼」，而是這個記號系統中所有否定 p 的符號所共同具有的那個東西。

因此，它是人們藉以構造「∼p」，「∼∼∼p」，「∼p∨∼p」，「∼p.∼p」等等，等等（以至無窮）的那條共同的規則。這個共同的東西映現了否定。

5.513　人們可以說：所有既肯定 p 也肯定 q 的記號的共同之處是命題「p.q」。所有或者肯定 p 或者肯定 q 的記號的共同之處是命題「p∨q」。

因此，人們可以說：如果兩個命題彼此不共同具有任何東西，那麼它們便是互相反對的，並且：每個命題都只有一個否定，因為只存在一個完全位於它之外的命題。

因此，在羅素的記號系統中，如下之點也是不言自明的：「q: p∨∼p」和「q」說出了相同的東西；「p∨∼p」沒有說出任何東西。

5.514　如果一個符號系統已經被確定下來，那麼在其內
便有一條關於如何構造出所有否定 p 的命題的規
則，一條關於如何構造出所有肯定 p 的命題的規
則，一條關於如何構造出所有或者肯定 p 或者肯
定 q 的命題的規則等等。這些規則與那些記號是
等價的，後者的意義映現自身於前者之中。

5.515　如下之點必須顯示自身於我們的記號之中：透過
「∨」、「.」等等彼此結合在一起的東西必須是
命題。

事實上也的確如此，因爲記號「p」和「q」本身
實際上就已經預設了「∨」、「～」等等。如果
出現於「p∨q」中的符號「p」所代表的不是一
個複合的符號，那麼就其自身而言它不可能具有
意義；但是這時與「p」具有相同的意義的符號
「p∨p」、「p.q」等等也不能具有意義。但是，
如果「p∨p」沒有意義，那麼「p∨q」也不能具有
意義。

5.5151　否定命題的符號必須經由肯定命題的符號構造起
來嗎？爲什麼人們不應該能夠經由一個否定事實
來表達一個否定命題？（比如這樣：如果「a」與
「b」不具有某種關係，那麼這個事實可用以表達
如下之點：aRb 不是實際情況。）

但是，即使在這裡否定命題當然也是間接地經由
肯定命題構造起來的。

肯定**命題**必然預設了否定**命題**的存在；反之亦然。

5.52　　　如果 ξ 的值是函數 fx 相對於 x 的所有值的所有
　　　　　值，那麼 $N(\bar{\xi}) = \sim(\exists x).fx$。

5.521　　我將**所有**這個概念與眞值函數分別開來。
　　　　　弗雷格和羅素是連繫著邏輯積或者邏輯和引進一
　　　　　般性的。這樣，命題「$(\exists x).fx$」和「$(x).fx$」也就
　　　　　難於理解了——它們均包含著這兩個觀念。

5.522　　一般性符號的獨特之處在於：一方面，它指示了
　　　　　一個邏輯初像；另一方面，它突出了諸常數。

5.523　　一般性符號是作爲主題出現的。

5.524　　如果某些對象被給予了我們，那麼**所有**的對象便
　　　　　因之也已經被給予了我們。給出了某些基本命
　　　　　題，便因之也給出了**所有**基本命題。

5.525　　像羅素那樣，透過「fx 是**可能的**」這樣的命題透
　　　　　過語詞來複述命題「$(\exists x).fx$」是錯誤的。[9]
　　　　　一個事態的確實性，可能性或不可能性不是經由
　　　　　一個命題來表達的，而是經由一個運算式之爲恆
　　　　　眞式，爲有意義的命題，或者爲矛盾式這點來表
　　　　　達的。

---

[9]　參見 Russell, "The Philosophy of Logical Atomism", in *The Collected Papers of Betrand Russell*, vol. 8, The Philosophy of Logical Atomism and Other Essays [1914-19], ed. J. Slater, London and Boston: Allen and Unwin, 1986, pp. 202-204。

人們想一再援引的那個先例必然已經存在於記號本身之中。

5.526　人們能夠藉助於諸完全一般化了的命題 —— 因此，這也就是說，並非透過首先將任意一個名稱與一個特定的對象配合在一起的方式 —— 來完全地描述世界。

這時，為了獲致慣常的表達方式，人們只需在「有一個而且僅有一個 x，它……」這樣的一個運算式後面說：這個 x 就是 a。

5.5261　和其他任何一個命題一樣，一個完全一般化了的命題也是複合而成的。（以下事實表明了這點：在「(∃x, φ).φx」中，我們必須分別提及 φ 和 x。正如在非完全一般化了的命題的情況下一樣，二者互相獨立地處於與世界的表示關係之中。）

一個複合記號的標誌是：它與**其他的**記號共同具有某種東西。

5.5262　的確，**每一個**命題的真或者假都改變了世界的普遍結構中的某種東西。諸基本命題的總和留給它的結構的那個活動範圍恰恰就是諸完全一般的命題所畫出的那個活動範圍。

（如果一個基本命題是真的，那麼由此無論如何的確**又**一個基本命題成為真的了。）

5.53　一個對象的同一性我透過一個符號的同一性，而不是藉助於同一性符號，來表達。諸對象的不同

性我透過諸符號的不同性來表達。

5.5301　顯而易見，同一性絕對不是存在於諸對象間的一種關係。這一點可以從比如「(x)：fx.⊃.x = a」這樣的命題中十分清楚地看出來。這個命題所說出的東西不過是：**只有** a 滿足函數 f，而並不是：只有與 a 有某種關係的物滿足它。

這裡，人們自然會說，恰恰**只有** a 才與 a 有這種關係。但是，為了表達出這一點，我們已經使用了同一性符號本身。

5.5302　羅素關於「=」的定義[10]是不適當的；因為按照這個定義，人們不能說兩個對象共同具有所有性質。（即使這個命題從來不是正確的，它當然也是有**意義**的。）

5.5303　大體說來：就**兩個**物說它們是同一的，這是胡說，就**一個**物說它與自身同一，這等於什麼也沒有說。

---

10 在《數學原理》中，羅素（和懷德海）是這樣定義同一性符號的：x = y. = :(φ):φ!x.⊃.φ!yDf。這個定義的意思是這樣的：如果 x 所滿足的每一個述謂函數也被 y 所滿足，則 x 同於 y（簡單說來，如果兩個個體共同具有任何性質，那麼它們就是同一個個體）。這就是所謂「不可分辨事物的同一性原則」（the principle of the identity of indiscernibles）（參見 A. N. Whitehead and B. Russell, *Principia Mathematica*, vol. I, 2nd edn, Cambridge: Cambridge University Press, 1927, p. 168）。

5.531 因此，我不寫「f(a, b).a = b」，而寫「f(a, a)」（或者「f(b, b)」）。不寫「f(a, b).~a = b」，而寫「f(a, b)」。

5.532 類似地：不寫「(∃x, y). f(x, y).x = y」，而寫「(∃x). f(x, x)」。不寫「(∃x, y). f(x, y). ~x = y」，而寫「(∃x, y). f(x, y)」。

（因此，羅素的公式「(∃x, y). f(x, y)」便成爲這樣的形式：「(∃x, y). f(x, y). ∨. (∃x). f(x, x)」。）

5.5321 因此，我們不寫「(x)：fx⊃x = a」，而寫比如「(∃x).fx.⊃.fa：~(∃x, y).fx.fy」。

「**恰好有一個** x 滿足 f( )」這個命題具有這樣的形式：「(∃x).fx：~(∃x, y).fx.fy」。

5.533 因此，同一性符號並不是概念文字中具有本質意義的部分。

5.534 現在我們看到，在一個正確的概念文字中，諸如「a = a」，「a = b. b = c. ⊃a = c」，「(x).x = x」，「(∃x).x = a」之類的似是而非命題甚至都不能寫出來。

5.535 與這些似是而非的命題連繫在一起的所有問題也就因此而自行消解了。

羅素的「無窮公理」[11]所導致的一切問題都已經可

---

11 羅素是這樣表述無窮公理的：「如果 n 是任何一個有窮基數，那麼便存在一個由 n 個個體構成的集合。」（"On the Axioms of the Infinite

以在此獲得解決了。'

無窮公理所欲說的東西在語言中將以如下方式表達自身：存在著無窮多具有不同的所指的名稱。

5.5351　在某些情形下，人們欲使用形如「a = a」或「p⊃p」之類的運算式。而且在人們想談論命題、物等等初像的時候人們事實上就是這樣做的。因此，在其《數學的原則》中，羅素將「p 是一個命題」這句胡說以符號形式表述爲「p⊃p」，並且將其作爲假設置於某些命題之前，藉此來表明它們的主題位置只能由命題占據。[12]

（如下原因便已經使這種做法──將 p⊃p 這個假設置於一個命題之前，以保證它具有正確形式的主題──成爲沒有任何意義的了：該假設相對於一個非命題的主題來說不是假的，而是完全無意義的；而該命題本身在含有非正確類型的主題的情況下也是完全無意義的。因此在面對著不適當的主題的危險時，它恰恰和那個空洞的假設同樣好地，或者同樣差地，保護著自身──儘管該假設是爲了保護它而附加給它的。）

---

and Transfinite", in *The Collected Papers of Betrand Russell*, vol. 6, ed. J. Slater, London and New York: Routledge, 1992, p. 44）

12 參見 B. Russell, *The Philosophy of Mathematics*, 2nd edn, London: Allen and Unwin, 1937, pp. 15-17。

5.5352　同樣，人們也想透過「～(∃x).x = x」來表達「沒有任何**物**」。但是，即使它是一個命題── 在雖然「有物」，但它們卻不與自身同一這樣的情況下，它難道不也是眞的嗎？

5.54　在一般的命題形式中，一個命題只是作爲諸眞值運算的一個基礎而出現於另一個命題之中。

5.541　初看起來，一個命題似乎也可以以不同的方式出現於另一個命題之中。

在心理學的某些命題形式中情況尤其如此 ── 例如：在這樣的心理學命題中：「A 相信 p 是實際情況」，或者「A 認爲 p」等等。

因爲從表面上看來，在這裡似乎是一個命題 p 與一個對象 A 處於某種關係之中。

（在現代認識論中〔比如在羅素、摩爾等人那裡〕這些命題也是這樣被理解的。[13]）

5.542　但是，很明顯，「A 相信 p」，「A 認爲 p」，「A 說 p」都具有「『p』說 p」的形式：在這裡，涉及的並不是一個事實與一個對象的配合，而是經由其諸對象的配合而來的諸事實的配合。

---

13 參見 B. Russell, "The Nature of Truth", *Proceedings of the Aristotelian Society* 7(1906-07), pp. 28-49; ── "The Theory of Knowledge", in *The Collected Papers of Betrand Russell*, vol. 7, ed. E. Eames and K. Blackwell, London: Allen and Unwin, 1984, pp. 105-107; G. E. Moore, "The Nature of Judgment", in *G. E. Moore*: *Selected Writings*, Lonon: Routledge, 1993, pp. 4-5。

5.5421 這也表明，當今膚淺的心理學中所理解的那種心靈——那種主體等等——是一個怪物。

因為一個複合的心靈根本就不再是心靈了。[14]

5.5422 關於命題「A斷定 p」的形式的正確的說明必須表明，斷定一句胡話是不可能的。（羅素的理論不符合這個條件。）

5.5423 知覺一個複合物就意味著知覺其構成成分是以如此這般的方式彼此關聯在一起的。

這點當然也解釋了以下事實：人們可以以兩種方式將下面這個圖形看成立方體；以及所有類似的現象。

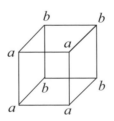

---

14 在拙作《〈邏輯哲學論〉研究》（北京：商務印書館，2007年版）中（第193頁），我認為「當今膚淺的心理學」是指笛卡兒式的心靈學說。這種解釋應當是錯誤的。維根斯坦在此想到的更可能是詹姆斯的心理學。詹姆斯將自我看成是由發生於頭部之內以及頭部和喉部之間的諸獨特的運動構成的（參見 W. James, *The Principles of Psychology*, Cambridge, Mass.：Harvard University Press, 1983, pp. 284-285, 288）。這樣理解之下的自我的確是一個怪物。在《哲學研究》§413中，維根斯坦對這種觀點做出了進一步的批評。無論將心靈或自我看成何種意義上的複合物，如此理解的心靈或自我顯然都完全不同於笛卡兒意義上的心靈或自我。

因為我們實際上恰恰看到了兩個不同的事實。

（如果我首先看到的是諸 a 角，而只是快速地看了一下諸 b 角，那麼出現在前面的將是諸 a；反之，出現在前面的將是諸 b。）

5.55　　現在我們必須先天地回答有關基本命題的所有可能的形式的問題。

基本命題是由諸名稱構成的。但是，由於我們不能給出具有不同的所指的諸名稱的數目，所以我們也不能給出基本命題的構成形式。

5.551　　我們的基本原則是：可以經由邏輯而決定的任何問題都必須能立即予以決定。

（如果我們的處境是這樣的：必須透過觀察世界來回答這樣的問題，那麼這就說明我們走上了完全錯誤的道路。）

5.552　　為了理解邏輯我們所需要具有的那種「經驗」不是這樣的：某物是如此這般的，而是這樣的：某物**存在**。但是，這恰恰**不是任何**經驗。

邏輯先於每一種經驗——某物是**如此這般的**。[15]

---

[15]「某物是如此這般的」和「某物存在」德文分別為：「daß etwas so ist」（或「daß sich etwas so und so verhält」）、「daß etwas ist」。「daß etwas ist」直譯當為：「某物是」。在此，維根斯坦所批評的可能是羅素有關「邏輯經驗」的思想。請參見 B. Russell, "The Theory of Knowledge", in *The Collected Papers of Betrand Russell*, vol. 7, ed. E. Eames and K. Blackwell, London and Boston: Allen and Unwin, 1984, pp. 96-101。

它先於如何，而不先於什麼。

5.5521 如果情況不是這樣的，那麼我們如何能夠應用邏輯？人們可以說：如果即使不存在任何世界，也存在著某種邏輯，那麼在存在著一個世界的情況下，如何能夠因此而就存在著某種邏輯？

5.553 羅素說，在各種各樣數目的物（個體）之間存在著某些簡單的關係。[16]但是，在哪些數目之間？這點應該如何加以決定？經由經驗嗎？

（不存在一個卓越的數。）

5.554 任何一種特定的形式的給出都是完全任意的事情。

5.5541 諸如下面這樣的事情據說能夠先天地予以確定：我是否會面臨比如這樣的處境，在其中我必須用一個具有27個關係項的關係符號來表示某種東西。

5.5542 但是，我們可以提出這樣的問題嗎？我們能建立起一個符號形式而不知道某種東西是否能夠與其相對應嗎？

這樣的問題有意義嗎：某種情形為了能夠成為實際情況，必須**存在**什麼東西？

5.555 顯然，如果不考慮基本命題的獨特的邏輯形式，那麼我們對它們還是有一個概念的。

---

16 參見 B. Russell, *Our Knowledge of the External World as a Field for Scientific Method in Philosophy*, rev. edn, London: Allen and Unwin, 1926, p. 59。

但是，在人們能夠按照一個系統構造記號的地方，邏輯上說重要的事情是這個系統，而非那些個別的記號。

在邏輯中我所必須處理的東西如何可能是我所能發明的諸形式？相反，我所必須處理的東西是使我能夠發明它們的東西。

5.556 不可能存在一種由諸基本命題的諸形式構成的等級系統。[17]我們只能預言我們自己所構造出來的東西。

5.5561 經驗實在的界限是由對象的總和所畫定的。這個界限又顯示自身於基本命題的總和之中。

等級系統獨立於，而且必然獨立於實在。[18]

---

[17] 「等級系統」德文為「Hierarchien」，英文為「hierarchy」。這個詞源自於羅素。在羅素那裡，所謂等級系統是指由不同的類型的事物或符號形式（集合、函數、性質、關係、命題等等）所構成的由低到高的分級系統。屬於這樣的等級系統中的較低級類型上的事物或符號不能涉及或談論屬於較高級類型上的事物或符號；特別說來，只有屬於較高級類型上的事物或符號才能涉及或談論屬於較低級類型上的事物或符號的全體（參見 A. N. Whitehead and B. Russell, *Principia Mathematica*, vol. I, 2nd edn, Cambridge: Cambridge University Press, 1927, p. 48）。但是，維根斯坦這裡所說的等級系統顯然不是指這種意義的等級系統，而是指從諸基本命題依次構造出它們的所有真值函數即所有複合命題的那個 —— 更準確地說，那些 —— 形式序列（Formenreihe），即真值函數等級系統。因為諸基本命題根本就是互相獨立的 —— 即使從結構上說也是這樣的，因此自然不存在由諸基本命題的形式構成的等級系統。

[18] 在此「等級系統」當指經由從諸基本命題依次生成所有真值函數（所有複合命題）的過程所形成的真值函數等級系統中的諸真值函數結

5.5562　如果我們是從純邏輯的理由知道必存在著基本命
　　　　　題的，那麼每一個理解了處於未經分析的形式中
　　　　　的命題的人就必然已經知道了這一點。

5.5563　事實上，我們的口語的所有命題按照其現狀從邏
　　　　　輯上來說就是完善地具有秩序的。—— 我們這裡
　　　　　應該給出的那個最簡單的東西，並不是真理的一
　　　　　幅畫像[19]，而是完整的真理本身。

　　　　　（我們的問題並不是抽象的；相反，或許是所存
　　　　　在的問題中最為具體的。）

5.557　邏輯的**應用**確定有什麼樣的基本命題。
　　　　　邏輯不能預示屬於其應用範圍內的事情。
　　　　　如下之點是顯而易見的：邏輯不能與其應用發生
　　　　　衝突。

構。在如下意義上，這樣的等級系統必然是獨立於實在的：實在中並
不存在相應於它們所包含的真值運算符號的東西。另外，在這個評論
中這個詞也可以指羅素那種意義上的類型等級系統。這時，這個斷言
的意義便成為：世界中不存在與類型等級系統相對應的東西。

19　「畫像」德文為：「Gleichnis」。最初英譯為「image」（印象，形
　　象），奧格登建議譯作「simile」（明喻），在1922年8月寫給奧格登
　　的信中，維根斯坦表示同意。但是，1923年9月在與蘭姆西討論時，
　　他又建議將其改譯為「model」（模型）（參見 *Letters to C. K. Ogden*,
　　with Comments on the English Translation of the *Tractatus Logico-
　　Philosophicus*, ed. G. H. von Wright, Oxford: Blackwell / London:
　　Routledge, 1973, p. 61；C. Lewy, "A Note on the Text of the *Tractatus*",
　　Mind 76, 1967, p. 418）。我將此處出現的「Gleichnis」以及評論4.012
　　和4.015中出現的這個詞均譯作「畫像」。

但是，邏輯必須與其應用發生接觸。

因此，邏輯與其應用不能彼此交叉。

5.5571　如果我不能先天地給出基本命題，那麼硬要這樣做勢必導致顯而易見的胡說。

5.6　**我的語言的諸界限**意味著我的世界的諸界限。

5.61　邏輯充滿世界；世界的諸界限也是它的諸界限。

因此，在邏輯中我們不能說：世界中有某某東西，而沒有那個東西。

因為這樣說似乎假定了我們將某些可能性排除在外了，而這不可能是事實，因為，否則邏輯就必須超越於世界的諸界限之外；因為這樣它便也能夠從另一邊來觀察這些界限了。

我們不能思維我們所不能思維的東西；因此，我們也不能**說出**我們所不能思維的東西。

5.62　這個評論為決斷如下問題提供了線索：在什麼樣的範圍內唯我論是真理。

因為唯我論所**意指**的東西是完全正確的，只是它不可**言說**；相反，它顯示自身。

世界是**我的**世界，這點顯示自身於如下事實之中：**這個**語言（我所理解的那個唯一的語言[20]）的

20　這句話的德文為：「der Sprache, die allein ich verstehe」。這句話在解釋者之間曾引起過頗多爭論。按照其語法結構，這句話也可以理解為「只有我才理解的那個語言」。在如此理解之下，在《邏輯哲學論

諸界限意味著**我的**世界的諸界限。

5.621　世界和那個生命是一個東西。

5.63　我是我的世界（微觀宇宙）。

5.631　不存在思維的、表象的主體。

如果我寫一本名為「我所發現的世界的樣子」的
書，那麼在其內我也應該報導有關我的身體的情
況，並且說【它的】哪些部分服從我的意志，哪
些部分不服從我的意志等等。這也就是說，這是
孤立主體的一種方法，或者更準確地說，一種顯
示如下事實的方法：從一種重要的意義上說沒有
主體，因為在這本書中唯獨**不能**提到它。——

5.632　主體不屬於世界；相反，它是世界的一個界限。

5.633　可以**在**世界**中**的什麼地方看到形而上主體？

你說：這裡的情況與眼睛和視野的情況是完全一
樣的。但是，實際上，你並**沒有**看到眼睛。

從**視野中**的任何東西都不能推演出以下結論：它
是被一個眼睛看到的。

叢》中維根斯坦似乎堅持著其後期所批評的那種私人語言觀。但是，
從前期維根斯坦的思想傾向上看，他不太可能堅持這樣的思想，因為
他反對作為這種思想的基礎的笛卡兒式的心靈觀念。因而，我認為
我們還是應該將這句話解釋為：「我所理解的那個唯一的語言」。
維根斯坦在蘭姆西所保存的德英對照第一版《邏輯哲學論叢》中對
評論5.62的英文譯文所作的修正清楚地表明了他自己就是這樣理解這
句話的（參見 C. Lewy, "A Note on the Text of the *Tractatus*", *Mind* 76,
1967, p. 419）。

5.6331　　因為視野並沒有比如這樣一種形式[21]：

5.634　　這點是與以下事實連繫在一起的：我們的經驗中的任何部分都並非同時也是先天的。

我們所看到的任何東西也都可以是其他樣子的。

我們可以描述的任何東西也都可以是其他樣子的。

不存在任何先天的事物的秩序。

5.64　　在此人們看到，唯我論，當其被嚴格貫徹到底時，和純粹的實在論疊合在一起了。唯我論的我收縮成一個沒有廣延的點，所存留下來的東西是那個與他配合在一起的實在。

5.641　　因此，的確存在著這樣一種意義，在這種意義上在哲學中人們能夠以非心理學的方式來談論我。

我是經由如下事實而出現於哲學之中的：「世界是我的世界。」

---

[21] 在 TS 202：41上，在相應處手繪有以下示圖：

後來維根斯坦在其右邊打上了一個「×」，並且在該頁頂部空白處又畫出了以下示圖，同時在其右邊也打上了一個「×」：

　　哲學的我不是人，不是人的身體或者心理學所處
理的人的心靈，而是形而上主體，是世界的界
限──而非其一個部分。

這表明，維根斯坦想用後一幅圖代替前一幅圖。二者的區別在於代表
眼睛的小圓圈的位置：前一幅圖中小圓圈在圖的左端內，而在後一幅
中它則在圖的左端外。在 MS 104：84中，該圖是這樣的：

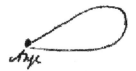

在與奧格登討論該評論英譯問題時，維根斯坦指出，所附示圖應當具
有正文中那樣的形式（參見 *Letters to C. K. Ogden*, with Comments on
the English Translation of the *Tractatus Logico-Philosophicus*, ed. G. H.
von Wright, Oxford: Blackwell/London: Routledge, 1973, p. 20；並進一
步參見《戰時筆記》§883）。不過，在各種德英版本中（包括奧斯特
瓦爾德版），該圖均是這樣的：

6.

真値函數的一般形式是 [p̄, ξ̄, N(ξ̄)] 這就是命題的一般形式

6.001　這恰恰就意味著：每一個命題都是運算 $N(\bar{\xi})$ 在諸基本命題之上的連續應用的一個結果。

6.002　如果給出了有關如何構造一個命題這件事的一般形式，那麼由此也就已經給出了有關如何能夠經由一個運算從一個命題創造出另一個命題這件事的一般形式。

6.01　因此，一個運算 $\Omega'(\bar{\eta})$ 的一般形式是：

$[\bar{\xi}, N(\bar{\xi})]'(\bar{\eta})(=[\bar{\eta}, \bar{\xi}, N(\bar{\xi})])$。

這是從一個命題到另一個命題的過渡的最一般的形式。

6.02　**由此**我們便得到了數。[1]我給出如下定義：

$x = \Omega^{0,}$ xDef.

和　　$\Omega'\Omega^{v,}x = \Omega^{v+1,}$ xDef.

因此，按照這些符號規則我將下面這個序列

$x, \Omega'x, \Omega'\Omega'x, \Omega'\Omega'\Omega'x, \cdots\cdots$

寫作：$\Omega^{0,}x, \Omega^{0+1,}x, \Omega^{0+1+1,}x, \Omega^{0+1+1+1,}x,$

$\cdots\cdots$

---

[1]　在1923年9月與蘭姆西討論《邏輯哲學論叢》英譯問題時，維根斯坦打算在此補入以下評論（用英文撰寫）：

數學的基本觀念是**演算**觀念，在此這個觀念是透過**運算**觀念來表現的。

邏輯的開始部分預設了**演算**，進而預設了數。

數是演算的**那個**基本觀念，而且必須作為這樣的觀念而被引入（載於 C. Lewy, "A Note on the Text of the *Tractatus*", *Mind* 76, 1967, pp. 421-422）。

因此，我不寫「[x, ξ, Ω'ξ]」，而寫

「[Ω⁰, x, Ωᵛ, x, Ωᵛ⁺¹, x]」。

而且給出如下定義：

$$0 + 1 = 1\text{Def.},$$
$$0 + 1 + 1 = 2 \text{ Def.},$$
$$0 + 1 + 1 + 1 = 3 \text{ Def.},$$

（等等。）

6.021 數是一種運算的指數。

6.022 數概念只不過是所有數的共同之處，數的一般的形式。

數概念是變動的數。

數相同概念是所有特殊的數相同的一般的形式。

6.03 整數的一般形式是：[0, ξ, ξ + 1]。

6.031 在數學中集合論完全是多餘的。

這點與如下事實是關聯在一起的：我們在數學中所需要的那種一般性不是**偶然性的**。

6.1 邏輯命題是恆真式。

6.11 因此，邏輯命題沒有說出任何東西。（它們是分析命題。）

6.111 使一個邏輯命題看起來具有實質內容的理論總是錯誤的。比如，人們會認為，「真」和「假」這兩個詞表示的是眾多性質之中的兩種性質，這時，每一個命題都具有這兩種性質之中的一種，這點看起來就是一個非常值得注意的事實了。它

看起來絕非是理所當然的，正如「所有玫瑰花都
或者是黃色的或者是紅色的」這個命題聽起來並
非是理所當然的一樣──即使它是眞的。的確，
那個命題這時便完全具有了一個自然科學命題的
特徵，這點確鑿無疑地表明它被誤解了。

6.112　對邏輯命題的正確的解釋必須在所有命題中給予
它們一個獨一無二的地位。

6.113　邏輯命題的獨特的標誌是，人們僅僅從記號就能
認識到它們是眞的，而這個事實內在地包含著整
個邏輯的哲學。因此，如下之點也是最爲重要的
事實之一：**不能僅僅從命題認識到非邏輯命題的
眞或假**。

6.12　邏輯命題是恆眞式，這點**顯示**了語言的、世界的
形式的──邏輯的──性質。

它們的構成成分**以如此這般的方式**連接在一起便
生成一個恆眞式，這點刻畫了它們的構成成分的
邏輯的特徵。

爲了在某種特定的連接方式中生成一個恆眞式，
諸命題必須具有某些結構性質。因此，它們**以如
此這般的方式**連接在一起便生成一個恆眞式，這
點顯示了它們具有這些結構性質。

6.1201　比如，命題「p」和「～p」在「～(p. ～p)」這樣
的結合中生成一個恆眞式，這點顯示它們是互相
矛盾的。命題「p⊃q」，「p」和「q」以「(p⊃q).

(p):⊃:(q)」這樣的形式彼此結合在一起生成一個
恆眞式，這點顯示「q」得自於 p 和 p⊃q。「(x).
fx:⊃:fa」是一個恆眞式，這點顯示 fa 得自於 (x).fx
等等，等等。

6.1202　顯然，爲了達到同樣的目的，人們也可以不運用
恆眞式，而是運用矛盾式。

6.1203　爲了將一個恆眞式認作爲恆眞式，在不含一般
性符號的恆眞式的情況下我們可以使用以下直
觀的方法：將「p」，「q」，「r」等等寫成
「WpF」，「WqF」，「WrF」等等。這時，
諸種眞値組合可以透過括弧加以表達，例如：

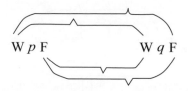

而整個命題的眞或者假與諸眞値主題的諸種眞値
組合的配合則可以以下方式透過短線加以表達：

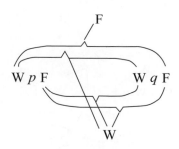

因此，這個符號將表示比如 p⊃q 這樣的命題。現在我要研究一下 ～(p.～p) 這個命題（即矛盾律）是否爲恆眞式。在我們的記號系統中公式「～ξ」將被寫成：

公式「ξ.η」將被寫成：

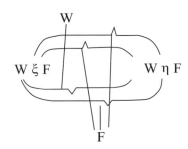

因此，～(p.～q) 將有以下形式：

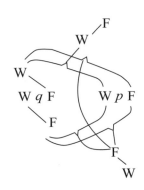

在此如果用「p」替換該公式中的「q」，並且研究一下該公式中的最外層的 W 和 F 與其最內層的 W 和 F 的結合情況，結果將是：整個命題的眞被配合給了其主題的**所有**眞值組合，而其假則沒有被配合給任何眞值組合。

6.121　邏輯命題透過將諸命題結合成無所言說的命題的方式而顯現了它們的邏輯性質。

人們也可以將這種方法稱作歸零方法。在邏輯命題中，諸命題被拉進了一種平衡狀態。這種平衡狀態於是表明，這些命題從邏輯上說必然具有一些什麼樣的性質。

6.122　由此便有以下結論：即使沒有邏輯命題我們也能對付得了，因爲在一個適當的記號系統中，透過僅僅查看這些命題我們的確就能認識到它們的形式性質。

6.1221　例如：如果兩個命題「p」和「q」在「p⊃q」這樣的結合中生成一個恆眞式，那麼 q 顯然得自於 p。

例如：「q」得自於「p⊃q.p」，我們從這兩個命題本身就能看出這點。但是，我們也可以透過**以下方式**來顯示它：將它們結合成「p⊃q.p:⊃:q」的形式，然後說明這是一個恆眞式。

6.1222　這點澄清了以下問題：爲什麼邏輯命題不能經由經驗加以確證，正如它們不能經由經驗加以反駁一樣。一個邏輯命題不僅必然不能經由任何可能

的經驗加以反駁，而且它也不應該能夠經由任何
這樣的經驗加以確證。

6.1223　在此，如下之點便顯而易見了：爲什麼人們常常
有這樣的感覺，「邏輯眞理」似乎是我們所「**要
求**」的結果。這是因爲在我們能要求一個適當的
記號系統的範圍內，我們便能要求它們。

6.1224　在此，如下之點也變得非常清楚了：爲什麼人們
將邏輯稱作關於形式和推理的理論。

6.123　很清楚：邏輯規律自身不能再受制於邏輯規律。

（並非如羅素所認爲的那樣，對於每一個「類型」
而言，都有一個獨特的矛盾律[2]；相反，只有一個
矛盾律就足夠了，因爲它並沒有被應用於自身。）

6.1231　邏輯命題的標誌並**不**是普遍有效性。

是普遍的，這當然僅僅意味著：偶然地適用於所
有事物。一個非一般化的命題和一個一般化了的
命題一樣可以是恆眞的。

6.1232　人們可以將邏輯的普遍有效性稱作是本質性的，
以與那種偶然的普遍有效性 —— 比如命題「所有
的人都是會死的」所具有的普遍有效性 —— 相對
照。類如羅素的「還原公理」[3]那樣的命題不是

2　參見 A. N. Whitehead and B. Russell, *Principia Mathematica*, vol. I, 2nd
　edn, Cambridge: Cambridge University Press, 1927, pp. 127-129。

3　羅素所謂還原公理（the axiom of reducibility）的形式化表述是這樣

邏輯命題。這點解釋了我們爲什麼會有這樣的感覺：即使它們是眞的，它們之所以能夠是眞的，這點也的確只不過是一種幸運的偶然性的結果。

6.1233　可以設想存在著這樣一個世界，在其中還原公理不成立。但是，顯然，邏輯與我們的世界是否眞的是這樣的這個問題沒有任何關係。

6.124　邏輯命題描述世界的腳架，或者，更準確地說，它們表現它。它們不「處理」任何東西。它們預設了，名稱有所指，基本命題有意義：這就是它們與世界的連繫。顯然，記號——它們本質上說具有某種特定的特徵——的某些結合是恆眞式，這點必然顯示了關於世界的某種東西。在此包含著具有決定性作用的東西。我們說過，我們所使用的記號中的一些東西是任意性的，一些東西不是任意性的。在邏輯中只有非任意性的東西在表達自身。但是，這就意味著，在邏輯中所發生的事情並不是**我們**在藉助於符號表達我們所需要的

的：⊢:(∃φ):φx.≡x.φ!x。在此，「φ!x」表示 ψ 是 x——它可以是任何階的主題——的一個述謂函數（predicative function）。整個公式的意義是這樣的：對於任何一個函數 φx 來說，都存在著一個與它形式上等值的述謂函數，也即總存在這樣一個述謂函數，它與 φx 同眞且同假。還原公理也可以這樣來表述：對於任何一個性質 P 來說，都存在這樣一個述謂性質 Q（即述謂函數所表達的性質），具有 P 的任何對象都具有 Q（參見 A. N. Whitehead and B. Russell, *Principia Mathematica*, vol. I, 2nd edn, pp. 58-59）。

東西；相反，在邏輯中絕對必需的符號的本性在
陳述自身：如果我們知道了任何一種符號語言的
邏輯句法，那麼由此所有的邏輯命題便已經被悉
數給出了。

6.125　　如下之點是可能的（而且即使按照舊邏輯觀也是
這樣）：從一開始就給出一個對於所有「真的」
邏輯命題的描述。

6.1251　　正因如此，在邏輯中也**不能**存在**任何**令人驚奇的
事情。

6.126　　透過以下方式人們可以算出一個命題是否屬於邏
輯：計算**記號**的邏輯性質。

當我們「證明」一個邏輯命題時，我們便做了這
樣的事情。因為在沒有考慮意義和所指的情況
下，我們按照單純的**符號規則**將該邏輯命題從其
他的命題中構造出來。

邏輯命題的證明在於：我們透過對某些運算（它
們總是從初始的恆真式一再地創造出恆真式）的
連續應用讓它們從其他的邏輯命題中產生出來。
（而且只有恆真式**得自**於一個恆真式。）

當然，這種證明邏輯命題是恆真式的方式對於邏
輯來說完全是非本質性的。如下原因就已經表明
了這點：作為這種證明的出發點的那些命題無需
證明事實上就必然顯示它們是恆真式。

6.1261　　在邏輯中，過程和結果是等價的。（因此，在其

中不存在任何令人驚奇的事情。）

6.1262 出現於邏輯中的證明只是這樣一種機械的輔助手段，藉助於它人們能更容易地識別出恆真式 ── 在其比較複雜時。

6.1263 如果人們能**邏輯地**從其他的命題證明一個有意義的命題，並且**也能如此**證明一個邏輯命題，那麼無論如何這的確是非常值得注意的事情。從一開始如下之點就非常清楚：一個有意義的命題的邏輯證明和**出現於**邏輯**中**的證明必然是兩種完全不同的事情。

6.1264 有意義的命題說出了某種東西，它們的證明表明事實是這樣的；在邏輯中，每一個命題都是一個證明的形式。

每一個邏輯命題都是一個以符號的形式表述的分離規則[4]。（人們是不能透過一個命題來表達分離規則的。）

---

4 「分離規則」原文為拉丁文：「modus ponens」，指現代邏輯中的一條推理規則：從├A 和├A⊃B，必定可得├B。另外，也指傳統邏輯中的充分條件假言推理的一種形式，即肯定前件式。

6.1265 人們總是可以這樣來理解邏輯：每一個命題都是它自己的證明。

6.127 所有邏輯命題都具有同等的權利，在它們之中不存在本質上基本的規律和導出的命題。

每一個恆眞式都自我顯示：它是一個恆眞式。

6.1271 顯然，「邏輯的基本規律」的數目是任意的，因爲人們實際上可以將邏輯從一條基本規律中推導出來。方法很簡單：以比如弗雷格的基本規律爲基礎構造一個邏輯積。（弗雷格或許會說，這時這個基本規律不再是直接自明的了。[5]但是，令人奇怪的是，弗雷格這樣的精確的思想家竟然求助於自明的程度，將它當作邏輯命題的標準。）

6.13 邏輯絕不是一種理論，而是世界的一幅鏡中像。

邏輯是先驗的。

6.2 數學是一種邏輯方法。

數學命題是等式，因而是似是而非的命題。

6.21 數學命題沒有表達任何思想。

6.211 在生活中我們的確從來不需要數學命題；相反，**只有**爲了這樣的目的我們**才**使用數學命題：從不屬於數學的命題推演出其他同樣不屬於數學的命題。

（在哲學中，「眞正說來我們爲什麼使用那個語

---

5 參見 G. Frege, *Grundgesetze der Arithmetik*, Band II, Jena: H. Pohle, 1903, S. 253。

詞，那個命題？」這樣的問題總是一再地引出非
常有價值的洞見。）

6.22　數學在等式之中顯示邏輯命題在恆眞式中所顯示
的世界的邏輯。

6.23　如果兩個運算式經由同一性符號而連繫在了一
起，那麼這就意味著它們彼此可以相互替換。但
是，實際情況是否如此，這點必須在這兩個運算
式之中自我顯示出來。

這兩個運算式彼此可以相互替換，這點刻畫了它
們的邏輯形式的特徵。

6.231　肯定可以被理解爲雙重否定，這點構成了它的一
個性質。

「1 + 1 + 1 + 1」可以被理解爲「(1 + 1) + (1 +
1)」，這點構成了它的一個性質。

6.232　弗雷格說，這兩個運算式具有相同的所指，但是
具有不同的意義。[6]

但是，一個等式的本質特徵卻是：爲了顯示由同
一性符號所結合在一起的那兩個運算式具有相同
的所指，它並不是必要的，因爲從這兩個運算式
本身就可以看出這一點。

6.2321　數學命題是可以證明的，這點當然只是意味著：

---

[6] 參見 G. Frege, "Über Sinn und Bedeutung", in *Kleine Schriften*, hrsg.
von Ignacio Angelelli, Zweite Auflage, Hildesheim: Georg Olms, 1990, S.
143-144。

爲了看到它們的正確性，我們無需將它們所表達的東西本身就其正確性方面來與事實加以比較。

6.2322 兩個運算式的所指的同一性是不可**斷言**的。因為爲了就它們的所指有所斷言，我必須知道它們的所指；而如果我知道了它們的所指，我也就知道了它們指稱的是相同的東西還是不同的東西。

6.2323 一個等式只是標示出了這樣一個角度，我是從它來看待【由它所結合在一起的】那兩個運算式的，也即是從它們具有相同的所指的角度來看待它們的。

6.233 爲了解決數學問題是否需要直覺，這個問題必須這樣來回答：在此，恰恰是語言提供了必要的直覺。

6.2331 **計算**的過程恰恰促成了這種直覺。

計算絕對不是實驗。

6.234 數學是邏輯的一種方法。

6.2341 數學方法的本質是使用等式。因為如下之點是以這樣的方法爲基礎的：每一個數學命題都必是不言自明的。

6.24 爲了獲得其等式，數學使用的方法是替換的方法。因為等式表達了兩個運算式的可替換性。我們經由以下方式從一些等式前進到新的等式：按照等式，將一些運算式替換爲另一些運算式。

6.241　因此，命題 $2 \times 2 = 4$ 的證明是這樣的：

$(\Omega^{\nu})^{\mu}{}' x = \Omega^{\nu \times \mu}{}' x \text{Def.} ,$

$\Omega^{2 \times 2}{}' x = (\Omega^{2})^{2}{}' x = (\Omega^{2})^{1+1}{}' x = \Omega^{2}{}' \Omega^{2}{}' x = \Omega^{1+1}{}'$

$\Omega^{1+1}{}' x = (\Omega'\Omega)'(\Omega'\Omega)' x = \Omega'\Omega'\Omega'\Omega' x = \Omega^{1+1+1+1}{}' x$

$= \Omega^{4}{}' x \circ$

6.3　邏輯的研究意味著**所有合規律性**的研究。邏輯之外一切都是偶然的。

6.31　所謂歸納規律無論如何不可能是一條邏輯規律，因為顯然它是一個有意義的命題。—— 因此，它也不能是一條先天的規律。

6.32　因果律根本不是一條規律，而是一條規律的形式。

6.321　「因果律」，這是一個類名。正如在力學中有比如最小律 —— 諸如最小作用律 —— 一樣，在物理學中也有因果律，具有因果形式的規律。

6.3211　在準確地知道其具體的形式之前，人們的確甚至於就已經猜測到必然存在著**某種**「最小作用律」。（在此，正如在所有其他情況下一樣，先天地確實的東西被證明是某種純邏輯的東西。）

6.33　我們並非先天地**相信**一條守恆律，而是先天地**知道**某種邏輯形式的可能性。

6.34　【充足】理由原則，自然的連續性原則，自然界的最小費力原則等等，等等，所有這些原則都是關於科學命題的可能的造型的先天的洞見。

6.341　例如：牛頓力學使世界描述具有了一個統一的形式。假設有這樣一個白色的平面，其上分布著不規則的黑色斑點。現在，我們說：無論由此而形成了一個什麼樣的圖像，我都能透過這樣的方式隨意地接近於它的描述，即用一個由正方形組成的適當精確的網路覆蓋在這個平面之上，然後針對每一個正方形斷言它是白色的或是黑色的。透過這樣的方式我便使對於該平面的描述具有了一個統一的形式。這個形式是任意的，因為為了獲得相同的效果我本來也可以使用一個由三角形或六角形的網眼構成的網。或許透過使用三角形—網該描述會變得更加簡單；這也就是說，藉助於一個較粗糙的三角形—網比藉助於一個由正方形組成的較精細的網我們能夠更加精確地描述該平面（或者相反）等等。不同的世界描述系統對應於不同的網。透過如下斷言力學確定了一種形式的世界描述：世界描述中的所有命題都必須是從某些給定的命題——力學公理——按照給定的方式得到的。透過這樣的方式，它便為科學大廈的建構提供了材料，並且說：無論你要建構的大廈是什麼樣的，你都必須以某種方式使用，而且僅僅使用，這些材料將其組建起來。

（正如透過使用數的系統人們必然能夠寫出每一個任意的數一樣，透過使用力學系統人們必然也

能夠寫出物理學的每一個任意的命題。）

6.342　現在，我們便看清了邏輯和力學的相對位置（人們也可以讓這個網由不同種類的圖形——比如三角形和六角形——來構成）。一幅圖像——比如上面所提到的那幅圖像——可以經由一個給定形式的網來描述，這點並**沒有**說出關於該圖像的**任何東西**（因為這點適用於每一個這種類型的圖像）。但是，它可以被某個具有**特定的**精細性的特定的網**完全地**加以描述，**這點**卻刻畫了該圖像的特徵。

因此，世界可以經由牛頓力學來描述，這點也沒有說出有關它的任何東西；但是，它可以經由牛頓力學**以它事實上恰好被它描述的那種方式**加以描述，這點的確說出了有關它的某些東西。[7]經由一種力學比經由另一種力學世界可以得到更為簡單的描述，這點也說出了有關它的某些東西。

6.343　力學是這樣一種嘗試，它欲將我們為了給出世界描述所需使用的所有**真的**命題都按照一種藍圖構造出來。

7　關於這句話的理解和翻譯，請參見 *Letters to C. K. Ogden*, with Comments on the English Translation of the *Tractatus Logico-Philosophicus*, ed. G. H. von Wright, Oxford: Blackwell／London: Routledge, 1973, p. 50。

6.3431 透過【其】^{8}整個邏輯裝置物理學規律的確還是談論世界中的對象的。

6.3432 我們不應該忘記，經由力學而進行的世界描述始終是完全一般性的。比如，它從來不談論**特定的**物質點，而總是只談論**任意的**物質點。

6.35 儘管我們的圖像中的諸斑點是幾何圖形，但是顯而易見，幾何學卻根本不能就它們的實際的形狀和位置說出任何東西。不過，這個網卻是**純粹**幾何學性質的，它的所有性質都可以先天地給出來。諸如【充足】理由原則之類的規律所處理的是這個網，而非這個網所描述的東西。

6.36 如果真的存在著一條因果律的話，那麼我們可以這樣來表述它：「存在著自然律」。

但是，人們當然不能說出這點：它顯示自身。

6.361 人們可以借用赫茲的表達方式說：只有**合乎規律的**連繫才是**可以設想的**。^{9}

8　1923年9月在與蘭姆西討論《邏輯哲學論叢》英譯問題時，維根斯坦建議將該評論開始部分「Durch den ganzen logischen Apparat hindurch」原來的英譯「Through the whole apparatus of logic」改為「Through their whole logical apparatus」（參見 C. Lewy, "A Note on the Text of the *Tractatus*", *Mind* 76, 1967, p. 418）。

9　參見 Heinrich Hertz, *Die Prinzipien der Mechanik in neuem Zusammenhange dargestellt*, Leipzig: Barth, 1894, S. 90。

6.3611　我們不能將任何過程與「時間的流逝」加以比較——根本不存在這樣的流逝，而只能將其與某個其他的過程加以比較（比如與天文鐘的擺動）。因此，只有以某個其他的過程為基礎對時間的流逝的描述才是可能的。

　　類似的話也適用於空間的情況。在這裡，比如人們會說：兩個（互相排斥的）事件中的任何一個都不能發生，因為**不存在**其中的一個應該發生而另一個不應該發生的**任何原因**。實際上，這裡所涉及的事情是這樣的：如果不存在某種意義上的非對稱性，那麼人們根本就不能描述這兩個事件中的**任何一個**。而**如果存在著**這樣的一種非對稱性，那麼我們便可以將其看作其中的一個發生而另一個不發生的**原因**。

6.36111　康德關於人們不能將其疊合在一起的左右手問題[10]在平面上就已經存在了，甚至於在一度空間中也已經存在了，因為在這裡我們也無法使 a 和 b 這兩個全等的圖形疊合在一起，除非我們把它們從這個空間中移出來。

$$\text{----o---X--X----o----}$$
$$\quad\ \ a\qquad\quad b$$

---

10 參見 Immanuel Kant, *Prolegomena zu einer jeden künftigen Metaphysik*, hrsg. von Karl Schulz, Leipzig: Reclam, 1888, S. 63-64, 229-230。

　　　　左右手實際上是完全全等的。人們不能使它們疊
　　　　合在一起，這點與此無關。

　　　　如果我們能在四度空間中將右手的手套翻轉過
　　　　來，那麼我們便能將它戴在左手上。

6.362　可以描述的東西也是可以發生的，因果律所應排
　　　　除的東西甚至於都是不可描述的。

6.363　歸納過程在於，我們接受那條可以與我們的經驗
　　　　協調一致的**最簡單的**規律。

6.3631　但是，這種過程沒有任何邏輯的根據，而只有心
　　　　理學的根據。

　　　　顯然，沒有任何根據相信，事實上也會出現最簡
　　　　單的情形。

6.36311　明天太陽會升起來，這是一個假設；這也就是
　　　　說：我們不**知道**它是否會升起來。

6.37　不存在這樣的強制性：按照它，一個事件發生
　　　　了，另一個事件就必然發生。只存在一種**邏輯的**
　　　　必然性。

6.371　整個近（現）代世界觀[11]都是建立在這樣的幻覺基
　　　　礎之上的：所謂的自然律是對自然現象的解釋。

6.372　因此，正如前人在上帝和命運面前止步不前一
　　　　樣，他們在自然律面前就如同在某種不可觸犯的

---

11 在《戰時筆記》（§727）中為「近（現）代人的整個世界觀」。因
　此，下一個評論第一句話中的「他們」當指「近（現）代人」。

東西面前一樣止步不前了。

事實上，他們都既是錯誤的，又是正確的。古代
的人們承認有一個清楚的終點，就此而言他們的
確更爲明白，而在新的系統那裡，似乎**一切**都得
到了解釋。

6.373　世界是獨立於我的意志的。

6.374　即使我們所願望發生的所有事情都發生了，這仍
然可以說只是命運的一種恩賜。因爲爲此提供保
證的那種意志和世界之間的**邏輯**關聯根本就不存
在，而所假定的那種物理的關聯當然又不是我們
自己所能意欲的。

6.375　正如只有一種**邏輯的**必然性一樣，也只有一種**邏
輯的**不可能性。

6.3751　比如，兩種顏色同時出現於視野中的一個位置，
這是不可能的，而且從邏輯上說就是不可能的，
因爲顏色的邏輯結構就排除了這樣的事情。

設想一下這種矛盾在物理學中出現的方式。情況
大概是這樣的：一個粒子不可能在同一時間具有
兩種速度；這也就是說，它不可能同時處於兩個
位置；亦即，同一時間處於不同的位置的諸粒子
不可能是相同的。

（顯然，兩個基本命題的邏輯積既不能是恆眞式
也不能是矛盾式。視野中的一個點在同一時間具
有兩種不同的顏色，這個斷言是一個矛盾式。）

6.4　　　所有命題都具有相同的價值。

6.41　　 世界的意義必然位於世界之外。在世界之內，一切都是其事實上所是的那樣，一切都如其所發生的那樣發生著；**在**其**內**不存在任何價值 —— 如果存在著什麼價值的話，那麼它沒有任何價值。

　　　　　 如果存在著一種具有價值的價值，那麼它必然位於一切發生過程和如此—是之外。因為一切發生過程和如此—是都是偶然的。[12]

　　　　　 使它成為非偶然的東西的那個事項不能位**於世界之內**，因為，否則這個事項本身又成為偶然的了。

　　　　　 它必然位於世界之外。

6.42　　　因此，也不可能存在任何倫理學命題。

　　　　　 命題不能表達任何高超的事項。

6.421　　顯然，倫理學是不可言說的。

　　　　　 倫理學是先驗的[13]。

12　「在世界之內，一切都是其事實上所是的那樣，一切都如其所發生的那樣發生著。」這句話的德文為：「In der Welt ist alles, wie es ist, und geschieht alles, wie es geschieht.」。「一切發生過程和如此是」德文為：「alles Geschehens und So-Seins」。請比較評論5.552的說法：經驗即「某物是如此這般的」（daß etwas so ist）。

13　「先驗的」德文為「transzendental」。維根斯坦使用的是其英文形式「transcendental」。在《戰時筆記》中相應處（記於1916年7月30日，《戰時筆記》，§855），維根斯坦使用的是「transcendent」（超驗的），其德文形式為「transzendent」。在此這兩個詞均應當是在康德的意義上使用的，均講得通：前者意為經驗（或者世界）的可能性

（倫理學和美學是一個東西。）

6.422　在建立一個具有「你應當……」形式的倫理學規
律時人們首先會想到：如果我不這樣做，會有什
麼後果？但是，顯然，倫理學與通常意義上的懲
罰和獎賞沒有任何關係。因此，這個有關行動的
後果的問題必然是不重要的。── 至少這樣的後
果不應該是發生於世界中的事情。因為在這種提
問方式中的確必然含有某種正確的成分。儘管必
然存在著某種倫理學的獎賞和倫理學的懲罰，但
是它們必然是存在於行動本身之中的。

（而且如下之點也是顯而易見的：獎賞必是某種
令人舒服的東西，而懲罰則必是某種令人不舒服
的東西。）

6.423　作為倫理的事項的承受者的意志是不可言說的。
而作為一種現象的意志只會引起心理學的興趣。

6.43　如果善的意欲或者惡的意欲改變了世界，那麼它
只能改變世界的界限，而不能改變事實；不能改
變藉助於語言所能表達的東西。
簡言之，這時世界必定由此而成為一個完全不同
的世界。可以說，它必定作為一個整體而縮小或
增長。
由幸福所構成的世界是這樣一個世界，它不同於

的條件，後者意為超出於經驗和認識範圍（即世界）之外的。

由不幸福所構成的世界。

6.431　正如在死亡時世界也沒有發生改變，而是終止了。

6.4311　死亡不是生命中的任何事件。人們並沒有經歷
死亡。

如果人們不將永恆理解為無窮的時間延續，而是
將其理解為非時間性，那麼生活於現在之中的人
就永恆地生活著。

我們的生命是沒有盡頭的，正如我們的視野是沒
有界限的一樣。

6.4312　人 的 靈 魂 的 時 間 上 的 不 死 —— 因 此 亦 即 它 在
【他】死後的無窮的生命延續 —— 不僅根本沒有
任何辦法獲得保證，而且這個假定首先根本就不
能實現人們一直想要透過它所達到的目標。透過
我的永恆的生命延續的方式某個謎獲得了解決
嗎？這時，這種永恆的生命難道不是和現在的生
命一樣令人迷惑不解嗎？時空之內的生命之謎的
解答位**於**時空**之外**。

（所要解答的問題當然不是自然科學問題。）

6.432　對於高超者來說，世界是**如何的**，這點是完全不
重要的。上帝不**在**世界**之內**顯露自身。

6.4321　事實都只是屬於任務，而不屬於解答。

6.44　神祕的事項不是世界是**如何的**，而是**如下之點：**
它存在。[14]

6.45　在永恆的形式之下看世界[15]就是將其看作——有界
限的——整體。

世界是一個有界限的整體，這種感受是神祕的。

6.5　相對於一個不能說出的答案而言，人們也不能將
【與其相應的】那個問題說出來。

【與這樣的問題連繫在一起的】**那個謎**是不存
在的。

如果一個問題終究是可以提出來的，那麼它也是
可以回答的。

6.51　如果懷疑論欲在不可提問的地方提出疑問，那麼
懷疑論並**非**是不可反駁的，而是明顯沒有任何意
義的。

因爲只有在存在著問題的地方才可能存在著懷
疑；只有在存在著答案的地方才可能存在著問

---

14 「世界是如何的」的德文爲：「wie die Welt ist」。「它【世界】存
在」德文爲：「sie ist」。後者可直譯爲：「它是」。請比較評論
5.552有關「某物是如此這般的」和「某物存在」的區別的討論；並進
一步比較評論6.41有關「如此是」的偶然性的討論。

15 原文爲：「Die Anschauung der Welt sub specie aeterni」。其中的
「sub specie aeterni」來自於斯賓諾莎：「一個精神是永恆的，如
果他在永恆的形式之下理解事物（mens aeterna est, quatenus res sub
aeternitatis specie concipit）。」（載於 *EthiK*, in *Spinoza: Werke*, Band
II, Darmstadt, 1980, Fünfter Theil, Lehrsatz 31, Anmerkung, S. 543）。

題，而只有在存在著某種**可以言說**的東西的地方才可能存在著答案。

6.52 我們覺得，即使所有**可能的**科學問題都悉數獲得了解答，我們的人生問題還完全沒有被觸及到。自然，這時恰恰不再存在任何問題了；恰恰這就是答案。

6.521 人們在人生問題的消失之中看出了這個問題的解答。

（這點難道不就是如下情形的原因嗎：一個長久以來一直對人生意義持懷疑態度的人，當他終於弄清楚了什麼是人生意義之後，卻不能說出這個意義是什麼？）

6.522 的確存在著不可言說的東西。它們**顯示**自身，它們就是神祕的事項。

6.53 哲學的正當方法真正說來是這樣的：除可以言說的東西，即自然科學命題——因而也就是與哲學沒有任何關係的東西——之外，什麼也不說；然後，無論何時，如果另一個人想就形而上的事項說些什麼，你就向他指出他沒有給予他的命題中的某些符號以任何所指。另一個人也許不會滿足於這樣的方法——他不會有這樣的感覺：我們在教他哲學——但是，**它**是唯一嚴格正當的方法。

6.54 我的命題以如下方式起著說明的作用：理解我的人，當他藉助於這些命題——踩著它們——爬過

它們之後，最終認識到它們是沒有任何意義的
（可以說，在登上梯子之後，他必須將梯子棄置
一邊）。

他必須放棄這些命題，然後他便正確地看待世
界了。

7.

對於不可言說的東西，人們必須以沉默待之

維根斯坦　年表

Ludwig Josef Johann Wittgenstein, 1889-1951

年　代	生　平　記　事
1889	4月26日生於奧匈帝國的維也納，父親是歐洲鋼鐵工業巨頭，母親是銀行家的女兒。在八個子女中排行最小，有四分之三的猶太血統，於納粹吞併奧地利後轉入英國籍。自幼跟隨兄姊在家裡接受教育。
1903	通過入學考試後，前往林茨的一所以技術著稱的中學學習，和阿道夫‧希特勒是同學。
1906	前往柏林學習機械工程。
1908	進入英國曼徹斯特維多利亞大學攻讀航空工程空氣動力學學位。 期間，研究螺旋槳原理的同時，出於對數學基礎的興趣，閱讀了伯特蘭‧羅素與懷德海合寫的《數學原理》以及戈特洛布‧弗雷格的《算術基礎》。
1911	聽從邏輯學家弗雷格的推薦，前往英國劍橋大學三一學院，問學於羅素門下，後成為英國哲學家羅素的學生兼好友，羅素稱這場相識是他一生中「最令人興奮的智慧探險之一」。
1914	作為志願兵入伍，在戰場上完成了標誌所謂哲學的語言學轉向的《邏輯哲學論》的初稿。 《邏輯哲學論叢》完成後他認為所謂的哲學問題已被解決，於是前往奧地利南部山區，投入格律克爾倡導的奧地利學校改革運動，成為一名小學教師。1926結束鄉村教師的職位。
1927	結識了奉《邏輯哲學論》為圭臬的「維也納小組」成員，並應邀參與一些活動，與石里克、魏斯曼等成員有過交往，然而維特根斯坦拒絕加入他們的圈子。

1928	聽了數學家布勞維爾在維也納有關「數學、科學和語言」的一次講演後，維特根斯坦重新萌發了強烈的哲學探索的興趣。
1929	重返劍橋，以《邏輯哲學論叢》作為論文，通過了由羅素和G. E.摩爾主持評審的博士答辯後，留在三一學院教授哲學，並於1939年接替摩爾成為哲學教授。
1947	堅信「哲學教授」是「一份荒唐的工作」的維特根斯坦從劍橋辭職，以專心思考、寫作。
1951	4月29日，因病在好友比萬（Edward Bevan）家中與世長辭。 維根斯坦的一生極富傳奇色彩，被羅素稱為「天才人物的最完美範例」：富有激情、深刻、熾熱並且有統治力。

經典名著文庫 140

邏輯哲學論叢
Logisch-Philosophische Abhandlung

作　　　者 —— 維根斯坦（Wittgenstein, Ludwig Josef Johann）

譯　　　者 —— 韓林合

叢 書 策 劃 —— 楊榮川

企 劃 主 編 —— 蘇美嬌

封 面 設 計 —— 姚孝慈

著 者 繪 像 —— 莊河源

出　版　者 —— 五南圖書出版股份有限公司

發　行　人 —— 楊榮川

總　經　理 —— 楊士清

總　編　輯 —— 楊秀麗

地　　　址 —— 臺北市大安區 106 和平東路二段 339 號 4 樓

電　　　話 —— 02-27055066（代表號）

傳　　　真 —— 02-27066100

劃撥帳號 —— 01068953

戶　　　名 —— 五南圖書出版股份有限公司

網　　　址 —— https://www.wunan.com.tw

電子郵件 —— wunan@wunan.com.tw

法 律 顧 問 —— 林勝安律師

出 版 日 期 —— 2021 年 7 月初版一刷
　　　　　　　 2024 年 10 月初版三刷

定　　　價 —— 260 元

國家圖書館出版品預行編目資料

邏輯哲學論叢 / 維根斯坦著；韓林合譯 . -- 初版 -- 臺北市：
五南圖書出版股份有限公司，2021.07
　　面；公分 . -- (經典名著文庫)
　　譯自 : Logisch-Philosophische Abhandlung
　　ISBN 978-986-522-400-4(平裝)

1. 維根斯坦 (Wittgenstein, Ludwig Josef Johann, 1889-
　　1951)　2. 哲學　3. 邏輯　4. 語意學

144.79　　　　　　　　　　　　　　　　　109020908